Curso

SE05

La diferencia entre aprobar y sacar plaza

Celador/a

SERVICIO EXTREMEÑO DE SALUD (SES)

Si aún no dispones de tu **Curso MAD360**, te ofrecemos un acceso GRATIS de 30 días para que disfrutes de los siguientes recursos:

- Técnicas de Memoria 360.
- MADTEST: Test *online* Nivel PRO.
- Temario en formato digital.
- Vídeos.
- Esquemas.
- Planificación de estudio.
- Foro entre opositores hasta la fecha del examen.*
- Recursos y novedades exclusivas.
- Consulta sobre la oposición y el proceso selectivo.
- Actualizaciones legislativas (Boletines Oficiales) hasta 60 días antes de la fecha del examen.*

Para acceder a esta prueba del Curso MAD360** será necesaria la compra de todos los libros para esta especialidad de la edición 2025.

Regístrate en **mad.es/iniciar-sesion** y en la pestaña BIBLIOTECA valida los códigos que encuentras en la última página de tus libros.

NOTA IMPORTANTE:

* Examen de esta categoría profesional correspondiente a la convocatoria publicada en el DOE n.º 249, de 26 de diciembre de 2024, o hasta el 28 de febrero de 2026, lo que se cumpla antes, y previa renovación del servicio.

** El acceso al CURSO MAD360 estará disponible desde febrero de 2025 (algunos recursos podrían estar disponibles en fecha posterior). Tendrá una duración de 30 días RENOVABLES mediante pago, desde la validación de códigos, o hasta el 31 de agosto de 2026, lo que se cumpla antes.

MAD se reserva el derecho a ampliar dichas fechas.

Celador/a del Servicio Extremeño de Salud (SES)

Enero, 2025

Celador/a del Servicio Extremeño de Salud (SES)

Temario común

MOISÉS CAYETANO RODRÍGUEZ
Licenciado en Historia
Policía Local en Extremadura
Miembro de la Comisión de Coordinación de la Policía Local de Extremadura
Master en Tráfico y Seguridad Vial
Master y Técnico Superior en Prevención de Riesgos Laborales
Experto Universitario en Educación Vial
Experto Universitario en Criminología
Especialista Universitario en Ciencias Policiales

JOSÉ LUIS GARRIDO VELA
Licenciado en Derecho

LIDIA PONCE MARTÍNEZ
Licenciada en Psicología

© 7 Editores Recursos para la Cualificación Profesional y el Empleo, S.L. (7 Editores)
© Los autores
Primera edición, enero 2025 (152 páginas)
Derechos de edición reservados a favor de 7 Editores
IMPRESO EN ESPAÑA
Diseño Portada: 7 Editores
Edita: 7 Editores
Avda. San Francisco Javier, 9 · Edificio Sevilla 2 · Planta 11 · Módulos 25-27 · 41018 Sevilla
Teléfono: 954 784 411 · WEB: www.mad.es · e-mail: administracion@7editores.com
ISBN: 978-84-142-9147-4
© "Editorial Mad" y "Eduforma" son nombres comerciales registrados de
7 Editores Recursos para la Cualificación Profesional y el Empleo, S.L.

Presentación

Manual que contiene los temas del Programa de Materia Comunes para la preparación de las pruebas de acceso a la categoría de Celador/a en las instituciones sanitarias del Servicio Extremeño de Salud, conforme a la Resolución de 19 de diciembre de 2024, de la Dirección Gerencia, por la que se convoca proceso selectivo para el acceso a la condición de personal estatutario fijo en esta categoría (DOE n.º 249, de 26 de diciembre de 2024).

Este libro incluye los temas 1 a 4 del programa de materias comunes, convenientemente desarrollados y actualizados mediante la incorporación de las novedades legislativas que les afectan. Los temas incluyen recursos didácticos a modo de recordatorios y actividades que te servirán para afianzar los conocimientos.

Asimismo, puedes completar el estudio de esta materia con una serie de cuestionarios tipo test que te serán de gran ayuda para la preparación efectiva de este tipo de pruebas.

Índice

TEMA 1

La Constitución Española de 1978: características y estructura.
Título Preliminar. Los derechos y deberes fundamentales

¿Quieres mejorar tus resultados? Combina este temario en **papel** con los recursos *online* del Curso MAD360.

Índice

1. La Constitución Española: estructura y contenido. Principios generales

1.1. Introducción

Proclamado Rey de España JUAN CARLOS I DE BORBÓN, tras la muerte de FRANCO, el sistema de Leyes Fundamentales que regía el anterior régimen político, se mostró inapropiado para la efectiva implantación de un Estado de Derecho y, consiguientemente, de un régimen democrático, en la forma en que este se entiende en los países occidentales y en la teoría constitucional.

Por ello, utilizando el resorte del referéndum, se aprobó, como nueva Ley Fundamental, la Ley para la Reforma Política (Ley 1/1977, de 4 de enero), que modificó sustancialmente los esquemas de las anteriores Leyes Fundamentales, abriendo la vía para la instauración de un sistema político pluralista, con claro protagonismo de los partidos políticos.

Acto seguido, el 15 de junio de 1977, se celebraron elecciones generales para Cortes, sin que en momento alguno se planteara, al menos formalmente, su carácter de constituyentes. No obstante, a la vista de la citada inadecuación de las Leyes Fundamentales, las nuevas Cortes elegidas democráticamente y representativas del pluripartidismo existente, asumieron como misión fundamental la elaboración de una Constitución.

Para ello, en el seno de la Comisión de Asuntos Constitucionales del Congreso de los Diputados, se designó una Ponencia Constitucional encargada de redactar el Proyecto de Constitución.

Tras la pertinente tramitación parlamentaria, ambas Cámaras (Congreso de los Diputados y Senado), por separado, aprobaron el texto de la Constitución el 31 de octubre de 1978.

Posteriormente, el 6 de diciembre siguiente, se aprobó en referéndum, sancionándolo y promulgándolo el Rey el 27 del mismo mes y año, y publicándose en el Boletín Oficial del Estado el 29 de diciembre de 1978, entrando en vigor ese mismo día, a tenor de lo dispuesto en su Disposición Final.

Portada de la Constitución Española de 1978

1.2. Caracteres

La Constitución (CE, en adelante) se caracteriza por:

a) Su codificación en un solo texto, es decir, es una Constitución cerrada, a diferencia de las Leyes Fundamentales que vino a sustituir.

b) Su extensión, fruto de su propio pragmatismo, a diferencia de otras Constituciones occidentales, de breve contenido y, por lo mismo, más flexibles a los cambios y evolución política de los regímenes a que se aplican.

La extensión se debe, además, al laborioso consenso entre las distintas fuerzas políticas al elaborarla, lo que ha quedado reflejado en numerosos artículos del texto constitucional, señaladamente en el 2, como se expondrá.

La contrapartida a esta extensión y a su carácter consensuado es la dificultad en su interpretación y aplicación, resultando fundamental, a estos efectos, la intervención del Tribunal Constitucional, intérprete supremo de la Constitución, según el art. 1 de su Ley reguladora (la Ley Orgánica 2/1979, de 3 de octubre), que ha venido depurando, con la doctrina contenida en sus pronunciamientos, su alcance y significado.

c) Su rigidez, es decir, la imposibilidad de modificarla a través de procedimientos legislativos ordinarios, regulando su Título X los mecanismos de reforma en la forma que después se estudiará.

d) El establecimiento, como forma política del Estado, de la monarquía parlamentaria.

e) La configuración del Estado como unitario regionalizado y no federal.

Finalmente, la CE, aunque no exenta de originalidad, se ha basado en otras Constituciones históricas, como la Española de 9 de diciembre de 1931, y de nuestro entorno, como la Ley Fundamental de Bonn de 1949, la Constitución Italiana de 1947, etc., sin olvidar textos internacionales como la Declaración Universal de Derechos Humanos, el Convenio Europeo para la Protección de los Derechos Humanos y de las Libertades Fundamentales, adoptado en Roma el 4 de noviembre de 1950, entre otros.

 Legislación de interés

Constitución Española

https://www.boe.es/buscar/act.php?id=BOE-A-1978-31229&p=20110927&tn=2

1.3. Estructura

Nuestra Constitución, como las Constituciones de la mayor parte de los países europeos y americanos, consta de un preámbulo, una parte dogmática, una parte orgánica, una regulación de las garantías de su mantenimiento y de los procedimientos para, excepcionalmente, proceder a su reforma o revisión, y de un sector dedicado a la estructura socioeconómica del Estado (que podría llamarse Derecho Constitucional Socioeconómico).

Su estructuración concreta se lleva a cabo a través de:

1. El Preámbulo.

2. Ciento sesenta y nueve artículos, repartidos en un Título Preliminar y otros diez Títulos más.

3. Cuatro Disposiciones Adicionales.

4. Nueve Disposiciones Transitorias.

5. Una Disposición Derogatoria.

6. Una Disposición Final.

En cuanto a su desarrollo, exponemos, a continuación, una somera idea del contenido de la CE, con especial referencia a los principios generales recogidos en el Título Preliminar.

Actividad 1

¿Cuántos Títulos tiene nuestra Constitución?

1.4. Preámbulo

Es muy breve, pero constituye una declaración solemne y de gran fuerza política.

Deja traslucir, como ha señalado el Profesor ALZAGA VILLAAMIL, una filosofía de la libertad y un horizonte de una sociedad democrática más progresiva.

Resume o incorpora ideas que están plasmadas en forma dispositiva en numerosos artículos de la Constitución.

Se trata, en definitiva, de un texto sin fuerza jurídica de obligar, aunque con un gran valor declaratorio-político, constituyendo, en cuanto declaración solemne de intenciones que formula colectivamente el poder constituyente, un factor decisivo o de la mayor importancia a la hora de interpretar rectamente el contenido normativo de nuestra Ley política fundamental.

En el mismo se manifiesta que «la Nación española, deseando establecer la justicia, la libertad y la seguridad y promover el bien de cuantos la integran, en uso de su soberanía, proclama su voluntad de:

– Garantizar la convivencia democrática dentro de la Constitución y de las leyes, conforme a un orden económico y social justo.

– Consolidar un Estado de Derecho que asegure el imperio de la ley como expresión de la voluntad popular.

–   Proteger a todos los españoles y pueblos de España en el ejercicio de los derechos humanos, sus culturas y tradiciones, lenguas e instituciones.

–   Promover el progreso de la cultura y de la economía para asegurar a todos una digna calidad de vida.

–   Establecer una sociedad democrática avanzada.

–   Colaborar en el fortalecimiento de unas relaciones pacíficas y de eficaz cooperación entre todos los pueblos de la Tierra».

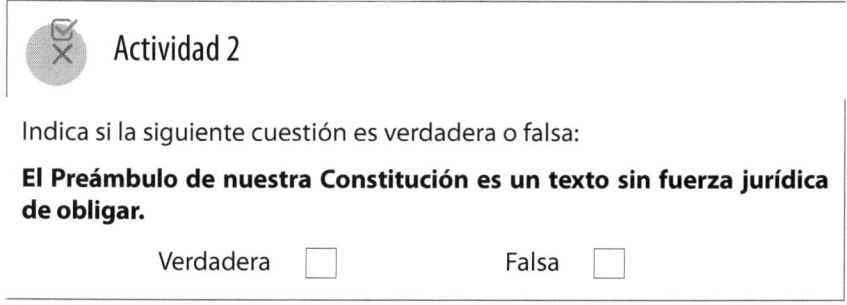

Actividad 2

Indica si la siguiente cuestión es verdadera o falsa:

El Preámbulo de nuestra Constitución es un texto sin fuerza jurídica de obligar.

Verdadera ☐   Falsa ☐

Sabías que...

Con 169 artículos, la Constitución Española es una de las constituciones más extensas de la Unión Europea. La francesa tiene 89 artículos, la alemana 146, la italiana 139 y la de Estados Unidos tan solo siete artículos originales.

1.5. Título Preliminar

Podría calificarse como la «antesala» de la Constitución, en la que se han recogido preceptos de importancia capital, como los arts. 1, 2 y 9, junto a otros preceptos que no han encontrado una incardinación a lo largo del texto constitucional, y que, por su generalidad, se han agrupado bajo esta rúbrica.

En efecto:

1. El **art. 1** define el tipo de Estado de Derecho por el que se opta (Estado social y democrático de Derecho, que propugna como valores superiores de su ordenamiento jurídico la libertad, la justicia, la igualdad y el pluralismo político), enuncia el titular de la soberanía (el pueblo español) y consagra la llamada forma política del Estado (la Monarquía Parlamentaria).

En este contexto, como manifestaciones del Estado de Derecho recogidas en la CE, deben señalarse:

a) El imperio de la ley, al que se refiere, además del Preámbulo en la forma expuesta, el art. 9,3.º cuando dice que la Constitución garantiza el principio de legalidad; el art. 97, al señalar que el Gobierno ejerce sus funciones de acuerdo con la Constitución y las leyes, y el art. 103,1.º al establecer que la Administración actúa con sometimiento pleno a la ley y al Derecho.

b) La división de poderes, prefigurada por CHARLES LOUIS DE SECONDAT, BARÓN DE LA BREDE ET DE MONTESQUIEU, en 1748, en su obra «De l'Esprit des Lois» y recogida por la CE en sus arts. 66,2.º, que dispone que «las Cortes Generales ejercen la potestad legislativa» y «controlan la acción del Gobierno»; 97, al prescribir que «el Gobierno dirige la política interior y exterior, la Administración civil y militar y la defensa del Estado. Ejerce la función ejecutiva y la potestad reglamentaria de acuerdo con la Constitución y las leyes», y 117,1.º, cuando señala que «la justicia emana del pueblo y se administra en nombre del Rey por Jueces y Magistrados integrantes del Poder Judicial, independientes, inamovibles, responsables y sometidos únicamente al imperio de la ley».

c) El principio de legalidad en la actuación administrativa, al que se ha hecho referencia.

d) El reconocimiento formal de los derechos y libertades.

Por su parte, como manifestaciones del Estado Social de Derecho, deben citarse, además del principio de igualdad recogido en los arts. 9,2.º y 14, los llamados derechos económicos y sociales, a los que se refiere el Capítulo Tercero del Título I de la CE, y la denominada Constitución económica, plasmada en el Título VII a la que aludiremos más adelante.

Finalmente, como expresión del Estado Democrático de Derecho, debe hacerse mención al reconocimiento de la soberanía popular, manifestado en el art. 1,2.º: «la soberanía nacional reside en el pueblo español, del que emanan los poderes del Estado», en el art. 66,1.º: «las Cortes representan al pueblo español» y en el art. 117: «la justicia emana del pueblo». Asimismo, debe citarse la aceptación del pluralismo político y social, de la que son claros exponentes los arts. 6 y 7 CE, la participación de los ciudadanos en los asuntos públicos, reflejada esencialmente en el art. 23,1.º, así como en los arts. 29 (derecho de petición), 87,3.º (iniciativa legislativa popular), 105 (participación en los procedimientos administrativos), 125 (participación en la administración de la justicia) y 92, 167 y 168 (que recogen la figura del referéndum).

En cuanto a los valores superiores del ordenamiento jurídico, como ha indicado PECES-BARBA, constituyen la meta del Estado y del Derecho que pretende el Constituyente de 1978, siendo el punto de partida de todo el resto del ordenamiento jurídico, en el sentido de que suponen el marco, el límite y el objetivo a alcanzar por el ordenamiento, al que tienen que acoplarse todas las demás normas y al que tienen que ajustar su actuación todos los operadores jurídicos.

Estos valores enunciados en el art. 1 se han plasmado a lo largo del texto constitucional en la forma que sigue:

a) El valor libertad, en el Título I, que regula los derechos y deberes fundamentales, fundamento del orden político y de la paz social (art. 10,1.º CE).

b) El valor justicia se concreta constitucionalmente en los Títulos VI, relativo al Poder Judicial, y IX, sobre el Tribunal Constitucional.

c) El valor igualdad se positiviza en los arts. 9,2.º y 14 CE.

d) El valor pluralismo político es recogido en los arts. 6 y 7 CE.

2. El **art. 2** encierra la transacción más discutida de cuantas han sido acogidas en el articulado de la CE, estableciendo que «la Constitución se fundamenta en la indisoluble unidad de la Nación española, patria común e indivisible de todos los españoles, y reconoce y garantiza el derecho a la autonomía de las nacionalidades y regiones que la integran y la solidaridad entre todas ellas».

La concreción de este artículo se efectúa en el Título VIII CE: «De la Organización Territorial del Estado».

3. El **art. 9**, que, tras señalar la sujeción de los ciudadanos y de los poderes públicos a la Constitución y al resto del ordenamiento jurídico, e impeler a los segundos a velar por la libertad e igualdad del individuo y de los grupos en que se integra, así como a facilitar la participación de todos los ciudadanos en la vida política, económica, cultural y social, declara solemnemente los principios de nuestro ordenamiento jurídico, estableciendo como tales los de:

a) Legalidad.

b) Jerarquía normativa.

c) Publicidad de las normas.

d) Irretroactividad de las disposiciones sancionadoras no favorables o restrictivas de derechos individuales.

e) Seguridad jurídica.

f) Responsabilidad e interdicción de la arbitrariedad de los poderes públicos.

 Recuerda que...

El Estado español es un Estado social y democrático de Derecho, que propugna como valores superiores de su ordenamiento jurídico la libertad, la justicia, la igualdad y el pluralismo político.

Los restantes artículos de este Título Preliminar tratan de:

1. El castellano como lengua española oficial del Estado, que todos los españoles tienen el deber de conocer y el derecho de usar, así como las restantes lenguas españolas, que serán también oficiales en las respectivas Comunidades Autónomas (**art. 3**).

En relación con esta previsión constitucional, debe tenerse en cuenta la Carta Europea de las Lenguas Regionales o Minoritarias, de 5 de noviembre de 1992, ratificada por España por Instrumento de ratificación de 2 de febrero de 2001. Asimismo, hay que hacer notar que por el Real Decreto 905/2007, de 6 de julio, se han creado el Consejo de la Lenguas Oficiales en la Administración General del Estado y la Oficina para las Lenguas Oficiales.

2. La bandera de España (formada por tres franjas horizontales, roja, amarilla y roja) y las banderas y enseñas propias de las Comunidades Autónomas (que estas utilizarán junto a la española en sus edificios públicos y actos oficiales) (**art. 4**).

3. La villa de Madrid como capital del Estado (**art. 5**).

4. Los partidos políticos, que expresan el pluralismo político, concurren a la formación y manifestación de la voluntad popular y son instrumento fundamental para la participación política. Su creación y el ejercicio de su actividad son libres dentro del respeto a la Constitución y a la ley, y su estructura interna y funcionamiento deberán ser democráticos (**art. 6**). Sobre los mismos, habrá que estar a lo dispuesto por la Ley Orgánica 6/2002, de 27 de junio, de Partidos Políticos, así como por la Ley Orgánica 8/2007, de 4 de julio, sobre financiación de los partidos políticos, modificadas ambas por la Ley Orgánica 3/2015, de 30 de marzo, de control de la actividad económico-financiera de los Partidos Políticos.

5. Los Sindicatos de trabajadores y las Asociaciones empresariales, que contribuyen a la defensa y promoción de los intereses económicos y sociales que les son propios, con igual pronunciamiento que el de los partidos políticos en cuanto a su creación, ejercicio, estructura interna y funcionamiento (**art. 7**).

Actividad 3

Indica si las siguientes cuestiones son verdaderas o falsas:

- **España es un Estado social y democrático de Derecho.**

    Verdadera ☐   Falsa ☐

- **Los valores superiores de nuestro ordenamiento jurídico son la libertad, la justicia, la igualdad y el pluralismo político.**

    Verdadera ☐   Falsa ☐

- **La soberanía nacional reside en el Gobierno español, del que emanan los poderes del Estado.**

    Verdadera ☐   Falsa ☐

- **La forma política del Estado español es la Monarquía constitucional.**

    Verdadera ☐   Falsa ☐

6. Las Fuerzas Armadas, que tienen como misión garantizar la soberanía e independencia de España, defender su integridad territorial y el ordenamiento constitucional (**art. 8**), en relación con las cuales ha de tenerse en cuenta la Ley Orgánica 14/2015, de 14 de octubre, del Código Penal Militar, la Ley 17/1999, de 18 de mayo, de Régimen de Personal de las Fuerzas Armadas, la Ley Orgánica 5/2005, de 17 de noviembre, de la Defensa Nacional, dictada en desarrollo de este art. 8 CE, la Ley 8/2006, de 24 de abril, de Tropa y Marinería, la reiterada Ley Orgánica 9/2011, de 27 de julio, de derechos y deberes de los miembros de las Fuerzas Armadas y la citada Ley Orgánica 8/2014, de 4 de diciembre, de Régimen Disciplinario de las Fuerzas Armadas.

Principios	Artículo	Texto
Estado de Derecho	Art. 1.1	España se constituye en un Estado social y democrático de Derecho, que propugna como valores superiores de su ordenamiento jurídico la libertad, la justicia, la igualdad y el pluralismo político.
Estado Democrático	Art. 1.1	España se constituye en un Estado social y democrático de Derecho, que propugna como valores superiores de su ordenamiento jurídico la libertad, la justicia, la igualdad y el pluralismo político.
Estado Social	Art. 1.1	España se constituye en un Estado social y democrático de Derecho, que propugna como valores superiores de su ordenamiento jurídico la libertad, la justicia, la igualdad y el pluralismo político.
Estado Autonómico	Art. 2	La Constitución se fundamenta en la indisoluble unidad de la Nación española, patria común e indivisible de todos los españoles, y reconoce y garantiza el derecho a la autonomía de las nacionalidades y regiones que la integran y la solidaridad entre todas ellas.
Monarquía Parlamentaria	Art. 1.3	La forma política del Estado Español es la Monarquía Parlamentaria.

1.6. Título Primero

Trata de los derechos y deberes fundamentales, comenzando por la declaración general del **art. 10**, conforme al cual:

1. La dignidad de la persona, los derechos inviolables que le son inherentes, el libre desarrollo de la personalidad, el respeto a la ley y a los derechos de los demás son el fundamento del orden político y de la paz social.

2. Las normas relativas a los derechos fundamentales y a las libertades que la Constitución reconoce se interpretarán de conformidad con la Declaración Universal de Derechos Humanos y los Tratados y Acuerdos Internacionales sobre las mismas materias ratificados por España.

 Sabías que...

La **Declaración Universal** de **Derechos Humanos** fue adoptada por la tercera Asamblea General de las Naciones Unidas, el 10 de diciembre de 1948 en París. Ninguno de los 56 miembros de las Naciones Unidas votó en contra del texto, aunque Sudáfrica, Arabia Saudita y la Unión Soviética se abstuvieron.

Junto a estas normas, hay que tener en cuenta lo dispuesto por el art. 2 de la Ley Orgánica 1/2008, de 30 de julio, por la que se autoriza la ratificación por España del Tratado de Lisboa, por el que se modifican el Tratado de la Unión Europea y el Tratado Constitutivo de la Comunidad Europea, firmado en la capital portuguesa el 13 de diciembre de 2007, según el cual a tenor de lo dispuesto en el párrafo segundo del artículo 10 de la Constitución Española, y en el apartado 8 del artículo 1 del Tratado de Lisboa, las normas relativas a los derechos fundamentales y a las libertades que la Constitución reconoce se interpretarán también de conformidad con lo dispuesto en la Carta de los Derechos Fundamentales publicada en el «Diario Oficial de la Unión Europea» de 14 de diciembre de 2007.

Los restantes artículos se agrupan en los siguientes cinco capítulos:

a) El Capítulo Primero, dedicado a los españoles y extranjeros, con tres artículos que tratan, respectivamente, de:

1. La nacionalidad española, que se adquiere, se conserva y se pierde de acuerdo con lo establecido en la ley, sin que ningún español de origen pueda ser privado de la misma (art. 11). En relación con este artículo, puede hacerse mención a la Ley 12/2015, de 24 de junio, en materia de concesión de la nacionalidad española a los sefardíes originarios de España, respecto a la que se ha dictado la Instrucción de 29 de septiembre de 2015, de la Dirección General de los Registros y del Notariado, sobre la aplicación de esta Ley 12/2015, de 24 de junio (**art. 11**).

2. La mayoría de edad de los españoles a los dieciocho años (**art. 12**).

3. Los derechos y libertades de los extranjeros en España, similares a los de los españoles en los términos que establezcan los tratados y las leyes, que han sido regulados por la Ley Orgánica 4/2000, de 11 de enero, sobre derechos y libertades de los extranjeros en España y su integración social y cuyo Reglamento de ejecución se ha aprobado por el Real Decreto 557/2011, de 20 de abril, por el que se aprueba el Reglamento de la Ley Orgánica 4/2000, sobre derechos y libertades de los extranjeros en España y su integración social, tras su reforma por Ley Orgánica 2/2009 y que ha sido modificado por Real Decreto 903/2021, de 19 de octubre,

junto al que debe tener en cuenta el Real Decreto 162/2014, de 14 de marzo, por el que se aprueba el reglamento de funcionamiento y régimen interior de los centros de internamiento de extranjeros (que ha derogado parcialmente al anterior) y el Real Decreto 3/2006, de 16 de enero, por el que se regula la composición, competencias y régimen de funcionamiento del Foro para la integración social de los inmigrantes (parcialmente modificado por el Real Decreto 1164/2009, de 10 de julio), incorporándose, atendiendo a criterios de reciprocidad y en los términos que establezca un tratado o una ley, además del derecho de sufragio activo, el sufragio pasivo (o posibilidad de ser elegido) en las elecciones municipales, como consecuencia de la reforma parcial de la Constitución, de 27 de agosto de 1992, llevada a efecto para posibilitar la adhesión al Tratado de Maastricht. Asimismo, ha de tenerse en cuenta la Ley Orgánica 13/2007, de 19 de noviembre, para la persecución extraterritorial del tráfico ilegal o la inmigración clandestina de personas.

En cuanto a la extradición, que solo se concederá en cumplimiento de un tratado o de la ley, atendiendo al principio de reciprocidad y de la que quedan excluidos los delitos políticos, no considerándose como tales los actos de terrorismo (regulada –la extradición pasiva– por Ley 4/1985, de 21 de marzo) y el derecho de asilo en España a favor de ciudadanos de otros países y de los apátridas (regulado por la Ley 12/2009, de 30 de octubre, reguladora del derecho de asilo y de la protección subsidiaria.

Finalmente, cabe mencionar que por sentencia de 10 de febrero de 2015, del Pleno de la Sala Tercera del Tribunal Supremo, se declara inaplicable el inciso «y existan en el centro módulos que garanticen la unidad e intimidad familiar» del artículo 62 bis 1.i) de la Ley Orgánica 4/2000, de 11 de enero; y se anulan diversos incisos de los artículos 7.3, segundo párrafo, 16.2.k), 21.3 y el apartado 2 del artículo 55 del Real Decreto 162/2014, de 14 de marzo, por el que se aprueba el Reglamento de funcionamiento y régimen interior de los Centros de Internamiento de Extranjeros (**art. 13**).

b) El Capítulo Segundo, que se dedica a los derechos y libertades.

c) El Capítulo Tercero, que trata de los principios rectores de la política social y económica, consagrando los llamados derechos sociales.

d) El Capítulo Cuarto, que versa sobre las garantías de las libertades y derechos fundamentales, regulando la figura del Defensor del Pueblo.

e) El Capítulo Quinto, finalmente, que se dedica a la suspensión de los derechos y libertades en los estados de excepción y sitio, así como en la actuación contra bandas armadas o elementos terroristas.

 Recuerda que...

La dignidad de la persona, los derechos inviolables que le son inherentes, el libre desarrollo de la personalidad, el respeto a la ley y a los derechos de los demás son el fundamento del orden político y de la paz social.

1.7. Título Segundo

Trata «de la Corona», regulándose la figura del Rey, la sucesión a la Corona, la Regencia, las funciones del Rey, etc.

Actividad 4

Indica si las siguientes cuestiones son verdaderas o falsas:

- **La mayoría de edad se recoge en el Capítulo II del Título Primero de nuestra Constitución.**

    Verdadera ☐   Falsa ☐

- **Los principios rectores de la política social y económica, se recogen en el Capítulo III del Título Primero de nuestra Constitución.**

    Verdadera ☐   Falsa ☐

- **La figura del Defensor del Pueblo se recoge en el Capítulo IV del Título Primero de nuestra Constitución.**

    Verdadera ☐   Falsa ☐

1.8. Título Tercero

Trata «de las Cortes Generales», constando de tres Capítulos relativos a las Cámaras (Congreso de los Diputados y Senado), la elaboración de las leyes y los Tratados Internacionales.

1.9. Título Cuarto

Trata «del Gobierno y de la Administración» y regula la composición y funciones del Gobierno, su nombramiento, cese, responsabilidad, etc.

1.10. Título Quinto

Trata «de las relaciones entre el Gobierno y las Cortes Generales», regulando la responsabilidad política del Gobierno, las mociones, interpelaciones y preguntas al mismo, así como los estados de alarma, excepción y sitio.

1.11. Título Sexto

Trata «del Poder Judicial», regulando sus funciones y las de su órgano de gobierno: el Consejo General del Poder Judicial.

1.12. Título Séptimo

Trata «de la Economía y Hacienda», regulando lo que se ha venido a llamar el Derecho Constitucional Socioeconómico.

1.13. Título Octavo

Trata «de la Organización Territorial del Estado», con tres Capítulos, relativos a los Principios Generales, la Administración Local y las Comunidades Autónomas. Este último es el más amplio de todos, regulándose con mucho detalle las competencias exclusivas y delegables de las Comunidades Autónomas y del Estado, así como el contenido y aprobación de los Estatutos de Autonomía.

1.14. Título Noveno

Trata «del Tribunal Constitucional», como órgano supremo del Estado en materia de garantías constitucionales e interpretación de la Constitución.

1.15. Título Décimo

Trata «de la reforma constitucional», garantizando al texto constitucional frente a intentos simples de revisión.

1.16. Disposiciones adicionales y transitorias

Entre otras materias, regulan algunos procedimientos especiales de acceso a la autonomía, como el caso de Navarra, Ceuta y Melilla, etc.; asimismo, tratan de los Derechos Históricos Forales, su posible actualización, etc.

1.17. Disposición derogatoria

Deja sin vigor a la ley para la Reforma Política, de 4 de enero de 1977, así como, en tanto no estuvieran ya derogadas por esta, a las anteriores Leyes Fundamentales.

Contiene, también, una cláusula derogatoria general respecto de cuantas disposiciones se opongan a lo establecido en la Constitución.

1.18. Disposición final

Establece que «esta Constitución entrará en vigor el mismo día de la publicación de su texto oficial en el Boletín Oficial del Estado. Se publicará, también, en las demás lenguas de España».

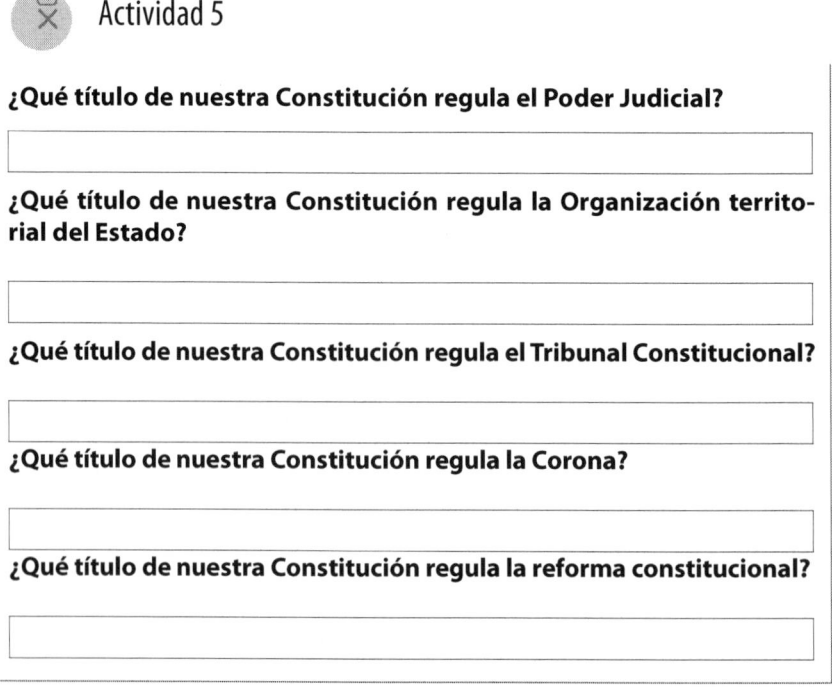

Actividad 5

¿Qué título de nuestra Constitución regula el Poder Judicial?

¿Qué título de nuestra Constitución regula la Organización territorial del Estado?

¿Qué título de nuestra Constitución regula el Tribunal Constitucional?

¿Qué título de nuestra Constitución regula la Corona?

¿Qué título de nuestra Constitución regula la reforma constitucional?

2. Los derechos y deberes fundamentales. Sus garantías y suspensión

2.1. Introducción

La CE trata de los derechos y deberes fundamentales de los españoles en su Título I: «De los derechos y deberes fundamentales» y, señaladamente, en los Capítulos:

a) Segundo: «De los derechos y libertades», que abarca a los arts. 14 a 38, divididos, tras la mención general del art. 14, en dos Secciones:

1. Sección 1.ª: «De los derechos fundamentales y de las libertades públicas» (arts. 15 a 29).

2. Sección 2.ª: «De los derechos y deberes de los ciudadanos» (arts. 30 a 38).

b) Tercero: «De los principios rectores de la política social y económica»; Capítulo, este, donde se recogen los denominados «derechos sociales» (arts. 39 a 52).

c) Cuarto: «De las garantías de las libertades y derechos fundamentales» (arts. 53 y 54).

d) Quinto: «De la suspensión de los derechos y libertades» (art. 55).

2.2. Derechos

Como se expuso, el **art. 10 CE** dispone que:

1. La dignidad de la persona, los derechos inviolables que le son inherentes, el libre desarrollo de la personalidad, el respeto a la ley y a los derechos de los demás son el fundamento del orden político y de la paz social.

2. Las normas relativas a los derechos fundamentales y a las libertades que la Constitución reconoce se interpretarán de conformidad con la Declaración Universal de Derechos Humanos y los Tratados y Acuerdos Internacionales sobre las mismas materias ratificados por España.

Por su parte, el art. 14 CE trata del **principio de igualdad**, al establecer que «los españoles son iguales ante la ley, sin que pueda prevalecer discriminación alguna por razón de nacimiento, raza, sexo, religión, opinión o cualquier otra condición o circunstancia personal o social». Una plasmación práctica de este derecho es la Ley 33/2006, de 30 de octubre, sobre igualdad del hombre y la mujer en el orden sucesorio de los títulos nobiliarios, junto a la que debe hacerse mención especial a la Ley Orgánica 3/2007, de 22 de marzo, para la igualdad efectiva de mujeres y hombres, modificada por Ley Orgánica 10/2022, de 6 de septiembre, de garantía integral de la libertad sexual, y al Real Decreto 902/2020, de 13 de octubre, de igualdad retributiva entre mujeres y hombres.

En cuanto a los demás derechos que se reconocen en este Título I, son los siguientes:

Derecho a la vida y a la integridad física y moral, sin que, en ningún caso, pueda ser sometido alguien a tortura ni a penas o tratos inhumanos o degradantes, quedando abolida la pena de muerte, salvo lo que dispongan las leyes penales militares para tiempos de guerra (art. 15), sobre lo que habrá que estar a lo dispuesto en la Ley Orgánica 14/2015, de 14 de octubre, del Código Penal Militar. Sobre la pena de muerte, hay que señalar, asimismo, que España manifestó el 16 de diciembre de 2009 su consentimiento al Protocolo n.º 13 al Convenio para la Protección de los Derechos Humanos y de las Libertades Fundamentales (hecho en Vilna el 3 de mayo de 2002), relativo a la abolición de la pena de muerte en todas las circunstancias, con entrada en vigor en nuestro país el 1 de abril de 2010.

Libertad ideológica, religiosa y de culto (art. 16), sin más limitación en sus manifestaciones que la necesaria para el mantenimiento del orden público protegido por la ley, y sin que nadie pueda ser obligado a declarar sobre su ideología, religión y creencias, consagrándose la aconfesionalidad del Estado. La libertad religiosa ha sido regulada por la Ley Orgánica 7/1980, de 5 de julio, de Libertad Religiosa, desarrollada por el Real Decreto 932/2013, de 29 de noviembre, por el que se regula la Comisión Asesora de Libertad Religiosa. Asimismo, debe hacerse mención al Real Decreto 593/2015, de 3 de julio, por el que se regula la declaración de notorio arraigo de las confesiones religiosas en España, y al Real Decreto 594/2015, de 3 de julio, por el que se regula el Registro de Entidades Religiosas.

Derecho a la libertad y a la seguridad personal, por lo que nadie podrá ser privado de su libertad, sino con la observancia de lo dispuesto en el art. 17 y en los casos y en la forma prevista en la ley.

Asimismo, la detención preventiva no podrá durar más del tiempo estrictamente necesario para la realización de las averiguaciones tendentes al esclarecimiento de los hechos, y, en todo caso, en el plazo máximo de setenta y dos horas, el detenido deberá ser puesto en libertad o a disposición de la autoridad judicial.

Por otro lado, toda persona detenida debe ser informada de forma inmediata, y de modo que le sea comprensible, de sus derechos y de las razones de su detención, no pudiendo ser obligada a declarar. Se garantiza la asistencia de Abogado al detenido en las diligencias policiales y judiciales, en los términos que la ley establezca (esta es la Ley Orgánica 14/1983, de 12 de diciembre, junto a la que debe tenerse en cuenta la Ley 1/1996, de 10 de enero, de Asistencia Jurídica Gratuita).

Finalmente, la ley regulará un procedimiento de «habeas corpus» para producir la inmediata puesta a disposición judicial de toda persona detenida ilegalmente (es la Ley Orgánica 6/1984, de 24 de mayo). Asimismo, por ley se determinará el plazo máximo de duración de la prisión provisional (art. 17).

En relación con estos derechos, ha de hacerse mención a la Ley Orgánica 4/2015, de 30 de marzo, de protección de la seguridad ciudadana, a la que habrá que estar, así como a la mencionada Ley 36/2015, de 28 de septiembre, de Seguridad Nacional.

Derecho al honor, a la intimidad personal y familiar y a la propia imagen, reconocido en el art. 18 y regulado por la Ley Orgánica 1/1982, de 5 de mayo, derogada parcialmente por la Ley Orgánica 10/1995, de 23 de noviembre, del Código Penal, y modificada por la Ley Orgánica 5/2010, de 22 de junio, por la que se modifica la Ley Orgánica 10/1995, de 23 de noviembre, del Código Penal.

Por lo demás, este art. 18 establece que:

a) **El domicilio es inviolable**, sin que pueda hacerse entrada o registro en él sin consentimiento del titular o resolución judicial, salvo en caso de flagrante delito, debiendo tenerse en cuenta, al efecto, la Ley 22/1995, de 17 de julio, mediante la que se garantiza la presencia Judicial en los registros domiciliarios.

b) Se garantiza el **secreto de las comunicaciones**, y, en especial, de las postales, telegráficas y telefónicas, salvo resolución judicial.

c) **La ley limitará el uso de la informática** para garantizar el honor y la intimidad personal y familiar de los ciudadanos y el pleno ejercicio de sus derechos (al efecto, habrá que estar a lo dispuesto en la Ley Orgánica 3/2018, de 5 de diciembre, de Protección de Datos Personales y garantía de los derechos digitales).

 Actividad 6

¿Qué artículo de nuestra Constitución consagra la aconfesionalidad del Estado español?

Derecho a la libre elección de residencia y a la libre circulación por el territorio nacional, recogido en el art. 19, así como el derecho a entrar y salir libremente de España en los términos que la ley establezca; derecho que no podrá ser limitado por motivos políticos o ideológicos.

Derecho de expresión, que engloba los siguientes, enunciados por el art. 20, según el cual:

1. Se reconocen y protegen los derechos:

   a) A expresar y difundir libremente los pensamientos, ideas y opiniones mediante la palabra, el escrito o cualquier otro medio de reproducción.

   b) A la producción y creación literaria, artística, científica y técnica.

   c) A la libertad de cátedra.

   d) A comunicar o recibir libremente información veraz por cualquier medio de difusión. La ley regulará el derecho a la cláusula de conciencia (en concreto, habrá que estar a lo dispuesto en la Ley Orgánica 2/1997, de 19 de junio, reguladora de la cláusula de conciencia de los profesionales de la información) y al secreto profesional en el ejercicio de estas libertades.

2. El ejercicio de estos derechos no puede restringirse mediante ningún tipo de censura previa.

3. La ley regulará la organización y el control parlamentario de los medios de comunicación social dependientes del Estado o de cualquier ente público y garantizará el acceso a dichos medios de los grupos sociales y políticos significativos, respetando el pluralismo de la sociedad y de las diversas lenguas de España.

4. Estas libertades tienen su límite en el respeto a los derechos reconocidos en este Título I, en los preceptos de las leyes que lo desarrollen y, especialmente, en el derecho al honor, a la intimidad, a la propia imagen, y a la protección de la juventud y de la infancia.

5. Solo podrá acordarse el secuestro de publicaciones, grabaciones y otros medios de información en virtud de resolución judicial.

Derecho de reunión pacífica y sin armas, sin necesidad de autorización previa, y con comunicación previa a la Autoridad, que solo podrá prohibirlas cuando existan razones fundadas de alteración del orden público, con peligro para personas o bienes, en los casos de reuniones en lugares de tránsito público y manifestaciones, según el art. 21 CE (el derecho de reunión se ha regulado por Ley Orgánica 9/1983, de 15 de julio).

Derecho de asociación, debiendo inscribirse en un Registro a los solos efectos de publicidad, y sin que las asociaciones que se creen se disuelvan o suspendan en sus actividades sino en virtud de resolución judicial.

Declara, además, el art. 22, como ilegales, las asociaciones que persigan fines o utilicen medios tipificados como delito. Y prohíbe las asociaciones secretas y las de carácter paramilitar.

El derecho de asociación se ha regulado por la Ley Orgánica 1/2002, de 22 de marzo.

Derecho de participación en los asuntos públicos, directamente o por medio de representantes, libremente elegidos en elecciones periódicas por sufragio universal.

Asimismo, los ciudadanos tienen **derecho a acceder en condiciones de igualdad a las funciones y cargos públicos**, con los requisitos que señalen las leyes (art. 23).

Sobre este derecho tiene una especial incidencia la Ley Orgánica 3/2007, de 22 de marzo, para la igualdad efectiva de mujeres y hombres, tanto en cuanto al acceso a las funciones y cargos públicos como en lo referente al sistema electoral, así como el Texto Refundido de la Ley del Estatuto Básico del Empleado Público, aprobado por el Real Decreto Legislativo 5/2015, de 30 de octubre, y el Real Decreto 902/2020, de 13 de octubre, de igualdad retributiva entre mujeres y hombres.

Derecho de todas las personas a obtener la tutela efectiva de los Jueces y Tribunales en el ejercicio de sus derechos e intereses legítimos, sin que, en ningún caso, pueda producirse indefensión.

La ley regulará los casos en que, por razón de parentesco o de secreto profesional, no se estará obligado a declarar sobre hechos presuntamente delictivos (art. 24).

Principio de legalidad penal, que recoge el art. 25, conforme al cual:

1. Nadie puede ser condenado o sancionado por acciones u omisiones que en el momento de producirse no constituyan delito, falta o infracción administrativa, según la legislación vigente en aquel momento.

2. Las penas privativas de libertad y las medidas de seguridad estarán orientadas hacia la reeducación y reinserción social y no podrán consistir en trabajos forzados. El condenado a pena de prisión que estuviere cumpliendo la misma gozará de los derechos fundamentales de este Capítulo, a excepción de los que se vean expresamente limitados por el contenido del fallo condenatorio, el sentido de la pena y la ley penitenciaria. En todo caso, tendrá derecho a un trabajo remunerado y a los beneficios correspondientes de la Seguridad Social, así como al acceso a la cultura y al desarrollo integral de su personalidad.

3. La Administración civil no podrá imponer sanciones que, directa o subsidiariamente, impliquen privación de libertad.

Actividad 7

¿Qué ley orgánica limita el uso de la informática para garantizar el honor y la intimidad personal y familiar de los ciudadanos y el pleno ejercicio de sus derechos?

Recuerda que...

Nuestra CE prohíbe las asociaciones secretas y las de carácter paramilitar.

Prohibición de los Tribunales de Honor en el ámbito de la Administración Civil y de las Organizaciones Profesionales (art. 26).

Derecho a la Educación, que se recoge en el art. 27, conforme al cual:

1. Todos tienen el derecho a la educación. Se reconoce la libertad de enseñanza.

2. La educación tendrá por objeto el pleno desarrollo de la personalidad humana en el respeto a los principios democráticos de convivencia y a los derechos y libertades fundamentales.

3. Los poderes públicos garantizan el derecho que asiste a los padres para que sus hijos reciban la formación religiosa y moral que esté de acuerdo con sus propias convicciones.

4. La enseñanza básica es obligatoria y gratuita.

5. Los poderes públicos garantizan el derecho de todos a la educación mediante una programación general de la enseñanza, con participación efectiva de todos los sectores afectados y la creación de centros docentes.

6. Se reconoce a las personas físicas y jurídicas la libertad de creación de centros docentes, dentro del respeto a los principios constitucionales.

7. Los profesores, los padres y, en su caso, los alumnos intervendrán en el control y gestión de los centros sostenidos por la Administración con fondos públicos, en los términos que la ley establezca.

8. Los poderes públicos inspeccionarán y homologarán el sistema educativo para garantizar el cumplimiento de las leyes.

9. Los poderes públicos ayudarán a los centros docentes que reúnan los requisitos que la ley establezca.

10. Se reconoce la autonomía de las Universidades en los términos que la ley establezca.

El derecho de educación ha sido regulado por la Ley Orgánica 8/1985, de 3 de julio, Reguladora del Derecho a la Educación, por la Ley Orgánica 5/2002, de 19 de junio, de las Cualificaciones y de la Formación Profesional, y por la reiterada Ley Orgánica 2/2006, de 3 de mayo, de Educación, modificada por la Ley Orgánica 3/2020, de 29 de diciembre.

Derecho de libre sindicación, reconocido en el art. 28 y regulado por la Ley Orgánica 11/1985, de 2 de agosto, de Libertad Sindical, pudiéndose limitar o exceptuar, por ley, a las Fuerzas o Institutos armados o a los demás Cuerpos sometidos a disciplina militar y debiéndose regular las peculiaridades de su ejercicio para los Funcionarios Públicos, lo que se hizo a través de la Ley 9/1987, de 12 de junio, de Órganos de Representación, Determinación de las Condiciones de Trabajo y Participación del Personal al Servicio de las Administraciones Públicas, prácticamente derogada en su totalidad por la también derogada Ley 7/2007, de 12 de abril, del Estatuto Básico del Empleado Público, actualmente, el Real Decreto Legislativo 5/2015, de 30 de octubre, por el que se aprueba el texto refundido de la Ley del Estatuto Básico del Empleado Público.

Esta libertad sindical comprende el derecho a fundar Sindicatos y a afiliarse al de su elección, así como el derecho de los Sindicatos a formar Confederaciones y a fundar Organizaciones Sindicales Internacionales o a afiliarse a las mismas, sin que pueda ser obligado nadie a afiliarse a un Sindicato.

Se reconoce, también, el **derecho de huelga de los trabajadores** para la defensa de sus intereses, debiendo garantizarse, en todo caso, por ley, el mantenimiento de los servicios esenciales de la comunidad durante la huelga.

Derecho de petición individual y colectiva, por escrito, en la forma y con los efectos que determine la ley (se trata de la Ley Orgánica 4/2001, de 12 de noviembre, Reguladora del Derecho de Petición, parcialmente modificada por la mencionada Ley Orgánica 9/2011, de 27 de julio).

En cuanto a los miembros de las Fuerzas o Institutos armados o de los Cuerpos sometidos a disciplina militar, podrá ejercerse este derecho solo individualmente y con arreglo a lo dispuesto en su legislación específica (art. 29).

Derecho-deber de defender a España, recogido en el art. 30 y regulado por la Ley Orgánica 5/2005, de 17 de noviembre, de la Defensa Nacional y derecho a la objeción de conciencia, regulado por la Ley 22/1998, de 6 de julio, reguladora de la Objeción de Conciencia y de la Prestación Social Sustitutoria, desarrollada por el Real Decreto 700/1999, de 30 de abril, por el que se aprueba el Reglamento de la objeción de conciencia y de la prestación social sustitutoria.

Sobre este derecho-deber ha de hacerse notar que desde el 31 de diciembre de 2001 se suspendió la prestación del servicio militar, así como la prestación social sustitutoria del servicio militar.

Asimismo, este artículo dispone que pueda establecerse un servicio civil para el cumplimiento de fines de interés general. Y que mediante ley podrán regularse los deberes de los ciudadanos en los casos de grave riesgo, catástrofe o calamidad pública. A esta materia se refieren la Ley Orgánica 4/1981, de 1 de junio, de estados de Alarma, Excepción y Sitio, y la Ley 17/2015, de 9 de julio, del Sistema Nacional de Protección Civil. También podemos destacar la Resolución de 16 de diciembre de 2020, de la Subsecretaría, por la que se publica el Acuerdo del Consejo de Ministros de 15 de diciembre de 2020, por el que se aprueba el Plan Estatal General de Emergencias de Protección Civil.

Derecho del hombre y de la mujer a contraer matrimonio con plena igualdad jurídica. La ley –dice el artículo 32– regulará las formas de matrimonio, la edad y capacidad para contraerlo, los derechos y deberes de los cónyuges, las causas de separación y disolución y sus efectos (contempladas en la Ley 30/1981, de 7 de julio, por la que se modifica la regulación del matrimonio en el Código Civil y se determina el procedimiento a seguir en las causas de nulidad, separación y divorcio, que se ha visto afectada por la Ley 15/2005, de 8 de julio, por la que se modifican el Código Civil y la Ley de Enjuiciamiento Civil en materia de separación y divorcio). En relación con este derecho, ha de tenerse en cuenta la Ley 13/2005, de 1 de julio, por la que se modifica el Código Civil en materia de derecho a contraer matrimonio.

Derecho a la propiedad privada y a la herencia, delimitándose el contenido de estos derechos por la función social que han de cumplir (art. 33 CE).

Asimismo, se establece por este art. 33 CE que nadie podrá ser privado de sus bienes y derechos sino por causa justificada de utilidad pública o interés social, mediante la correspondiente indemnización y de conformidad con lo dispuesto por las leyes (actualmente, la Ley de Expropiación Forzosa, de 16 de diciembre de 1954, sucesivamente modificada).

Derecho de Fundación, para fines de interés general, con arreglo a la Ley, rigiendo para las Fundaciones lo expuesto respecto de las asociaciones (art. 34). Este derecho se ha desarrollado por la Ley 50/2002, de 26 de diciembre, de Fundaciones (modificada por Ley 40/2015, de 1 de octubre, de Régimen Jurídico del Sector Público), así como por la Ley 30/1994, de 24 de noviembre, de Fundaciones y de Incentivos Fiscales a la Participación Privada en Actividades de Interés General.

Derecho-deber al trabajo, al que se refiere el art. 35 y junto al que se reconocen los siguientes derechos:

a) Derecho a la libre elección de profesión u oficio.

b) Derecho a la promoción a través del trabajo.

c) Derecho a una remuneración suficiente para satisfacer sus necesidades y las de la familia, sin que, en ningún caso, pueda hacerse discriminación por razón de sexo.

En cuanto a la regulación del mismo, aparte de las previsiones específicas que puedan existir para determinados segmentos de trabajadores, por ejemplo los integrantes de la Función Pública en sus múltiples vertientes, que se regulan por su legislación específica, ha de estarse a lo dispuesto en el Texto Refundido de la Ley del Estatuto de los Trabajadores, aprobado por el Real Decreto Legislativo 2/2015, de 23 de octubre. Junto al mismo, ha de hacerse expresa mención a la Ley 20/2007, de 11 de julio, del Estatuto del Trabajo Autónomo, y desarrollada por el Real Decreto 197/2009, de 23 de febrero, por el que se desarrolla el Estatuto del Trabajo Autónomo en materia de contrato del trabajador autónomo económicamente dependiente y su registro y se crea el registro Estatal de asociaciones profesionales de trabajadores autónomos, entre otras. El art. 36 señala que la ley regulará las peculiaridades propias del régimen jurídico de los **Colegios Profesionales y el ejercicio de las profesiones tituladas**, debiendo ser democráticos la estructura interna y el funcionamiento de los Colegios.

Los Colegios Profesionales se regularon por la Ley 2/1974, de 13 de febrero, que ha sido objeto de diferentes modificaciones.

Derecho a la negociación colectiva, al que se refiere el art. 37, al establecer que «la ley garantizará el derecho a la negociación colectiva laboral entre los representantes de los trabajadores y empresarios, así como la fuerza vinculante de los convenios».

Esta materia se ha regulado por el Título III, arts. 82 a 92, inclusive, del reiterado Texto Refundido de la Ley del Estatuto de los Trabajadores, junto al que debe tenerse en cuenta el Real Decreto 713/2010, de 28 de mayo, sobre registro y depósito de convenios y acuerdos colectivos de trabajo.

Asimismo, se reconoce el **derecho de los trabajadores y empresarios a adoptar medidas de conflicto colectivo**, debiendo garantizarse el funcionamiento de los servicios esenciales para la comunidad.

Libertad de empresa en el marco de la economía de mercado, garantizando los poderes públicos y protegiendo su ejercicio y la defensa de la productividad, de acuerdo con las exigencias de la economía general y, en su caso, de la planificación (art. 38). Sobre esta materia debe tenerse en cuenta la Ley 15/2007, de 3 de julio, de Defensa de la Competencia, desarrollada por el Real Decreto 261/2008, de 22 de febrero, por el que se aprueba el Reglamento de Defensa de la Competencia.

Actividad 8

Indica en qué artículo de nuestra Constitución se regula cada uno de los siguientes derechos:

- Derecho de expresión: _____

- Inviolabilidad del domicilio: _____

- Derecho de asociación: _____

Junto a los derechos enunciados, el Capítulo III de este Título I reconoce una serie de derechos denominados sociales, como se dijo, como:

El art. 39 trata del **derecho de la familia a ser protegida social, económica y jurídicamente por los poderes públicos**, así como del **derecho de los hijos, iguales ante la ley con independencia de su filiación y de las madres, cualquiera que sea su estado civil, a una protección** integral (debiendo tenerse en cuenta la citada Ley Orgánica 1/2004, de 28 de diciembre, de Medidas de Protección Integral contra la Violencia de Género, modificada por Ley Orgánica 8/2015, de 22 de julio; por Ley 42/2015, de 5 de octubre, de reforma de la Ley 1/2000, de 7 de enero, de Enjuiciamiento Civil; por Ley Orgánica 8/2021, de 4 de junio, de protección integral a la infancia y la adolescencia frente a la violencia y por Real Decreto-ley 9/2018, de 3 de agosto, de medidas urgentes para el desarrollo del Pacto de Estado contra la violencia de género), reconociéndose, también, el **deber de los padres de prestar asistencia de todo orden a los hijos habidos dentro y fuera del matrimonio, durante su minoría de edad y en los demás casos en que legalmente proceda**.

Actividad 9

Sobre el derecho-deber de defender a España del art. 30, ¿en qué año se suspendió la prestación del servicio militar, así como la prestación social sustitutoria del servicio militar?

El art. 40, por su parte, recoge los siguientes derechos:

a) **Derecho a una distribución más equitativa de la renta y a una política orientada al pleno empleo.**

b) **Derecho a la formación y readaptación profesionales.**

c) **Derecho a la seguridad e higiene en el trabajo,** sobre el que deben tenerse en cuenta las previsiones de la Ley 31/1995, de 8 de noviembre, de Prevención de Riesgos Laborales.

d) **Derecho al descanso necesario**, mediante la limitación de la jornada laboral, las vacaciones periódicas retribuidas y la promoción de centros adecuados.

El art. 41 CE reconoce el **derecho a la Seguridad Social para todos los ciudadanos**, que garantice la asistencia y prestaciones sociales suficientes ante situaciones de necesidad, especialmente en caso de desempleo. Al respecto, puede citarse el Real Decreto Legislativo 8/2015, de 30 de octubre, por el que se aprueba el texto refundido de la Ley General de la Seguridad Social.

El art. 42 impele al Estado a **salvaguardar los derechos económicos y sociales de los trabajadores españoles en el extranjero** y a orientar su política hacia el retorno. Al efecto, debe tenerse en cuenta la Ley 40/2006, de 14 de diciembre, del Estatuto de la ciudadanía española en el exterior.

El art. 43 reconoce el **derecho a la protección de la salud**, a través de medidas preventivas y de las prestaciones y servicios necesarios, debiendo los poderes públicos fomentar la educación sanitaria, la educación física y el deporte, facilitando, además, la adecuada utilización del ocio.

En relación con este derecho, deben tenerse en cuenta, además de la Ley 14/1986, de 25 de abril, General de Sanidad, la Ley 41/2002, de 14 de noviembre, básica reguladora de la autonomía del paciente y de derechos y obligaciones en materia de información y documentación clínica; la Ley 16/2003, de 28 de mayo de cohesión y calidad del Sistema Nacional de Salud; y la Ley 55/2003, de 16 de diciembre, del Estatuto Marco del personal estatutario de los servicios de salud, entre otras.

El art. 44 regula el **derecho de acceso a la cultura por parte de todos**, impeliéndose a los poderes públicos a promover la ciencia y la investigación científica y técnica en beneficio del interés general. Al efecto, debe tenerse en cuenta la Ley 10/2007, de 22 de junio, de la lectura, del libro y de las bibliotecas.

El art. 45 CE sanciona el derecho a **disfrutar de un medio ambiente adecuado para el desarrollo de la persona**, debiendo los poderes públicos velar por la utilización racional de todos los recursos naturales, con el fin de proteger y mejorar la calidad de vida y defender y restaurar el medio ambiente, apoyándose en la indispensable solidaridad colectiva. Para quienes violen estas previsiones, en los términos que la ley fije se establecerán sanciones penales o, en su caso, administrativas, así como la obligación de reparar el daño causado.

El art. 46 señala que los poderes públicos garantizarán la **conservación y** promoverán el **enriquecimiento del patrimonio histórico, cultural y artístico de los pueblos de España y de los bienes que lo integran,** cualquiera que sea su régimen jurídico y su titularidad. La ley penal sancionará los atentados contra este patrimonio.

Conforme al art. 47 CE, todos los españoles tienen **derecho a disfrutar de una vivienda digna y adecuada**, debiendo los poderes públicos regular la utilización del suelo de acuerdo con el interés general para impedir la especulación, y participando la comunidad en las plusvalías que genere la acción urbanística de los Entes Públicos. En relación con esta materia, habrá que estar a la legislación sobre Régimen del Suelo y Ordenación Urbana tanto estatal –constituida, básicamente, por el citado Real Decreto Legislativo 7/2015, de 30 de octubre, por el que se aprueba el texto refundido de la Ley de Suelo y Rehabilitación Urbana, así como la Ley 29/1994, de 24 de noviembre, de Arrendamientos Urbanos.

El art. 48 trata del **derecho de la juventud a una participación libre y eficaz en el desarrollo político, social, económico y cultural**.

El artículo 49 CE imponía a los poderes públicos la realización de una política de previsión, tratamiento, rehabilitación e integración de los disminuidos físicos, sensoriales y psíquicos, a los que prestarían la atención especializada que requieran y los ampararían especialmente para el disfrute de los derechos que el Título I otorga a todos los ciudadanos. Sin embargo, tras la Reforma de dicho artículo de 15 de febrero de 2024 (publicada en BOE de 17 de febrero de 2024), se modifica la terminología que emplea el mismo para referirse al colectivo de las personas con discapacidad (en lugar de disminuidos físicos, sensoriales y psíquicos) para adecuarlo a los propios valores de la Constitución y la dignidad inherente a este colectivo, quedando redactado del siguiente modo:

1. Las **personas con discapacidad** ejercen los derechos previstos en este Título en condiciones de libertad e igualdad reales y efectivas. Se regulará por ley la protección especial que sea necesaria para dicho ejercicio.

2. Los poderes públicos impulsarán las políticas que garanticen la plena autonomía personal y la inclusión social de las personas con discapacidad, en entornos universalmente accesibles. Asimismo, fomentarán la participación de sus organizaciones, en los términos que la ley establezca. Se atenderán particularmente las necesidades específicas de las mujeres y los menores con discapacidad.

En este sentido, podemos destacar el Real Decreto Legislativo 1/2013, de 29 de noviembre, por el que se aprueba el Texto Refundido de la Ley General de derechos de las personas con discapacidad y de su inclusión social.

El art. 50 se ocupa de la **Tercera Edad**, estableciendo su derecho a pensiones adecuadas y periódicamente actualizadas y a la utilización de un sistema de servicios sociales que atenderán sus problemas específicos de salud, vivienda, cultura y ocio. En relación con este artículo, debe tenerse en cuenta el Real Decreto 117/2005, de 4 de febrero, por el que se regula el Consejo Estatal de las Personas Mayores.

El art. 51 impone a los poderes públicos la obligación de garantizar la defensa de los consumidores y usuarios, protegiendo, mediante procedimientos eficaces, la seguridad, la salud y los legítimos intereses económicos de los mismos. Asimismo, se promoverá la información y la educación de los consumidores y usuarios, fomentándose sus organizaciones, a En relación con este artículo, ha de tenerse en cuenta el Texto Refundido de la Ley General para la Defensa de los Consumidores y Usuarios y otras leyes complementarias, aprobado por el Real Decreto Legislativo 1/2007, de 16 de noviembre.

El art. 52 prescribe, finalmente, que la ley regulará las **Organizaciones Profesionales** que contribuyan a la defensa de sus intereses, cuya estructura interna y funcionamiento deberán ser democráticos.

2.3. Deberes de los españoles

Fundamentalmente son:

1. **Deber** (que es también un derecho) **de defender a España**, regulándose en el art. 30, además, la prestación obligatoria del servicio militar, remitiéndose a una regulación por ley (ya citada) de lo relativo a la objeción de conciencia, así como las causas de exención del servicio militar obligatorio, pudiendo imponer, en su caso, una prestación social sustitutoria.

   Asimismo, este artículo dispone que pueda establecerse un servicio civil para el cumplimiento de fines de interés general. Y que mediante ley podrán regularse los deberes de los ciudadanos en los casos de grave riesgo, catástrofe o calamidad pública (a esta materia se refieren la Ley Orgánica 4/1981, de 1 de junio, de estados de Alarma, Excepción y Sitio, y la citada Ley 17/2015, de 9 de julio, del Sistema Nacional de Protección Civil).

2. **Deberes tributarios**, recogidos en el art. 31,1.º conforme al cual «todos contribuirán al sostenimiento de los gastos públicos de acuerdo con su capacidad económica mediante un sistema tributario justo inspirado en los principios de igualdad y progresividad que, en ningún caso, tendrá alcance confiscatorio».

   A este respecto, el número 3 de este artículo dispone que «solo podrán establecerse prestaciones personales o patrimoniales de carácter público con arreglo a la ley».

   Por su parte, el número 2 prescribe que «el gasto público realizará una asignación equitativa de los recursos públicos, y su programación y ejecución responderán a los criterios de eficiencia y economía».

3. **Deber** (que, a la vez, es derecho) **de trabajar, sin discriminación por razón de sexo** (art. 35).

4. **Deber de los padres a prestar asistencia de todo orden a sus hijos habidos dentro y fuera del matrimonio, durante su minoría de edad y en los demás casos en que legalmente proceda** (art. 39).

5. **Deber de conservación del medio ambiente**, conforme al art. 45, estableciéndose, en los términos que la ley fije, sanciones penales (sobre lo que habrá que estar a la Ley Orgánica 10/1995, de 23 de noviembre, del Código Penal) o, en su caso, administrativas, así como la obligación de reparar el daño causado.

6. **Deber de conservación del patrimonio histórico, cultural y artístico** (art. 46).

Actividad 10

Indica en qué artículo de nuestra Constitución se regula cada uno de los siguientes deberes:

- Deber de trabajar: _____

- Deber de conservación del medio ambiente: _____

- Deberes tributarios: _____

2.4. Garantías de los derechos y libertades

Vienen recogidas en los arts. 53 y 54 CE.

El art. 53 dispone que:

1. Los derechos y libertades reconocidos en el capítulo segundo del presente título (es decir los contenidos en los arts. 14 a 38) vinculan a todos los poderes públicos. Solo por ley, que en todo caso deberá respetar su contenido esencial, podrá regularse el ejercicio de tales derechos y libertades, que se tutelarán de acuerdo con lo previsto en el artículo 161.1.a) (es decir, a través del recurso de inconstitucionalidad ante el Tribunal Constitucional, de acuerdo con lo dispuesto en la Ley Orgánica 2/1979, de 3 de octubre, del Tribunal Constitucional).

2. Cualquier ciudadano podrá recabar la tutela de las libertades y derechos reconocidos en el artículo 14 y la sección primera del capítulo segundo (integrada por los arts. 15 a 29) ante los Tribunales ordinarios por un procedimiento basado en los principios de preferencia y sumariedad (recogido en los arts. 114 a 122 de la Ley 29/1998, de 13 de julio, Reguladora de la Jurisdicción Contencioso-Administrativa) y, en su caso, a través del recurso de amparo ante el Tribunal Constitucional. Este último recurso será aplicable a la objeción de conciencia reconocida en el artículo 30.

3. El reconocimiento, el respeto y la protección de los principios reconocidos en el capítulo tercero (los derechos reconocidos en los arts. 39 a 52) informarán la legislación positiva, la práctica judicial y la actuación de los poderes públicos. Solo podrán ser alegados ante la jurisdicción ordinaria, de acuerdo con lo que dispongan las leyes que los desarrollen.

El art. 54, por su parte, trata del Defensor del Pueblo, estableciendo que «una ley orgánica regulará la institución del Defensor del Pueblo, como Alto Comisionado de las Cortes Generales, designado por estas para la defensa de los derechos comprendidos en este Título, a cuyo efecto podrá supervisar la actividad de la Administración, dando cuenta a las Cortes Generales».

Esta Ley Orgánica es la 3/1981, de 6 de abril, junto a la que debe tenerse en cuenta la Ley 36/1985, de 6 de noviembre, por la que se regulan las relaciones entre la Institución del Defensor del Pueblo y las figuras similares de las distintas Comunidades Autónomas.

Finalmente, dentro de estos mecanismos de garantías, hemos de señalar que, una vez agotadas las instancias internas, y en virtud de una Declaración de nuestro Ministerio de Asuntos Exteriores, de 11 de junio de 1981 (renovada el 18 de octubre de 1985, por cinco años, prorrogables tácitamente), se pueden plantear demandas ante el Secretario General del Consejo de Europa, conociendo de las mismas la Comisión Europea de Derechos Humanos, por la violación de los derechos reconocidos en el Convenio Europeo para la Protección de los Derechos Humanos y de las Libertades Fundamentales, de Roma, de 4 de noviembre de 1950. En la actualidad, estas demandas se dirigirán ante el Tribunal ante el Tribunal Europeo de Derechos Humanos.

Cuadro de clasificación de los derechos y libertades reconocidos en la Constitución		
Tipo	**Regulación**	**Enumeración**
Derechos fundamentales y libertades públicas (Nivel máximo de protección)	Sección I Capítulo II Título I	– Principio de igualdad (14).[1] – Derecho a la vida y a la integridad física y moral (15). – Derecho a la libertad ideológica, religiosa y de culto (16). – Derecho a la libertad y a la seguridad (17). – Derecho a la intimidad, al honor y a la propia imagen (18). – Derecho a la inviolabilidad del domicilio (18.2) y al secreto de las comunicaciones. – Derecho a elegir libremente residencia y a circular por territorio nacional (19). – Derecho a expresar y difundir libremente los pensamientos, ideas y opiniones (20.1.a). – Derecho a la producción y creación literaria, artística, científica y técnica (20.1.b) – Libertad de prensa (20.1.d). – Libertad de cátedra (20.1.c). – Derecho de reunión pacífica y sin armas (21). – Derecho de asociación (22). – Derecho a participar en los asuntos públicos, directamente o a través de representantes (23). – Derecho de acceso a funciones y cargos públicos (23.2). – Derecho a la tutela judicial efectiva (24). – Principio de legalidad penal (art. 25). – Prohibición de los Tribunales de Honor en el ámbito de la Administración Civil y de las Organizaciones Profesionales (art. 26). – Derecho a la educación (27). – Libertad de enseñanza (27). – Derecho a sindicarse libremente (28). – Derecho de huelga (28.2). – Derecho de petición (29).

---

[1] El principio de igualdad no está incluido en esta sección, sino justo antes, pero su protección es la misma que los derechos fundamentales y las libertades públicas, es decir, la máxima.

Derechos y deberes de los ciudadanos (Nivel medio de protección)	Sección II Capítulo II Título I	– Derecho y deber de defender España (30.1). – Derecho a la objeción de conciencia (30.2). – Deber de sostener los gastos públicos de acuerdo con la capacidad económica (31). – Derecho a contraer matrimonio (32). – Derecho a la propiedad privada y a la herencia (33). – Derecho de fundación (34). – Deber de trabajar y derecho al trabajo (35). – Derecho a la negociación colectiva laboral (37). – Libertad de empresa (38).
Principios rectores de la política social y económica (Nivel mínimo de protección)	Capítulo III	– Protección de la familia (39). – Protección a los niños (39.4). – Progreso económico y social (40.1). – Régimen público de Seguridad Social (41). – Protección trabajadores en el extranjero (42). – Derecho a la protección de la salud (43). – Promoción de la cultura y de la ciencia e investigación científica (44). – Protección del medio ambiente (45). – Protección Patrimonio histórico, cultural y artístico (46). – Derecho a una vivienda digna (47). – Protección a la juventud (48). – Protección a personas con discapacidad (49). – Protección a personas de tercera edad (50). – Protección consumidores y usuarios (51).

 ## Actividad 11

Indica si las siguientes cuestiones son verdaderas o falsas:

- **Cualquier ciudadano podrá recabar la tutela de las libertades y derechos reconocidos en el artículo 14 y la sección primera del capítulo segundo del Título I, ante los Tribunales ordinarios por un procedimiento basado en los principios de preferencia y sumariedad.**

  Verdadera ☐   Falsa ☐

- **El recurso de amparo ante el Tribunal Constitucional no podrá ser aplicable a la objeción de conciencia reconocida en el artículo 30 CE.**

  Verdadera ☐   Falsa ☐

Los mecanismos de protección para cada derecho y libertad son:

TIPO DE DERECHO	PROTECCIÓN
Principios rectores de la Política Social y Económica (Cap. III) (Nivel más bajo de protección)	Su reconocimiento, respeto y protección han de informar: – La legislación positiva. – La práctica judicial. – La actuación de los poderes públicos.
Derechos y deberes de la Sección II del Capítulo II (Nivel medio de protección)	– Vinculan a todos los poderes públicos en sus actuaciones. – Solo puede regularse su ejercicio mediante ley que debe respetar su contenido esencial. – Si no lo hiciera se podrá impugnar dicha ley ante el Tribunal Constitucional que la podrá declarar inconstitucional. – Protección ante Tribunales de Justicia por procedimiento ordinario.
Derechos Fundamentales y Libertades Públicas (Sección I, del Capítulo II)(Máxima protección)(Además de lo establecido en el apartado anterior)	– Protección ante Tribunales Ordinarios mediante procedimiento preferente y sumario. – Protección ante el Tribunal Constitucional mediante recurso de amparo. – Su desarrollo solo puede hacerse mediante Ley Orgánica (art. 81). – Se excluye en su desarrollo la delegación legislativa. – Su modificación constitucional se equipara a una reforma total de la Constitución.

2.5. Suspensión de los derechos y libertades

Viene regulada en el art. 55 de la Constitución, sobre la base del cual se puede hacer la siguiente distinción:

1. Los derechos reconocidos en los artículos 17, 18, apartados 2 y 3, artículos 19, 20, apartados 1,a) y d), y 5, artículos 21, 28, apartado 2, y artículo 37, apartado 2 (es decir, los derechos a la libertad y seguridad personal, la inviolabilidad del domicilio y secreto de las comunicaciones, libertad de residencia y circulación, libertad de expresión e información, de reunión y manifestación, a la huelga y a la adopción de medidas de conflicto colectivo), podrán ser suspendidos cuando se acuerde la declaración del estado de excepción o el de sitio en los términos previstos en la Constitución. Se exceptúa de lo establecido anteriormente el apartado 3 del artículo 17 (el derecho de información del detenido de sus derechos, razones de su detención y asistencia de Letrado en las diligencias policiales y judiciales) para el supuesto de declaración del estado de excepción (a estos estados de excepción y sitio se refiere el art. 116 de la Constitución).

2. Una ley orgánica podrá determinar la forma y los casos en los que, de forma individual y con la necesaria intervención judicial y el adecuado control parlamentario, los derechos reconocidos en los artículos 17, apartado 2, y 18, apartados 2 y 3 (los derechos de plazo de setenta y dos horas para ser puesto el detenido a disposición de la Autoridad Judicial o en libertad, a la inviolabilidad del domicilio y al secreto de las comunicaciones), pueden ser suspendidos para personas determinadas, en relación con las investigaciones correspondientes a la actuación de bandas armadas o elementos terroristas.

La utilización injustificada o abusiva de las facultades reconocidas en dicha ley orgánica producirá responsabilidad penal, como violación de los derechos y libertades reconocidos por las leyes (esta suspensión se ha regulado por la Ley Orgánica 4/1988, de 25 de mayo, que reformó la Ley de Enjuiciamiento Criminal en materia de delitos relacionados con la actividad de estas bandas armadas y elementos terroristas o rebeldes).

Solución a las actividades

Actividad 1.

Un Título Preliminar y diez Títulos más.

Actividad 2.

Verdadera.

Actividad 3.

- Verdadera.
- Verdadera.
- Falsa.
- Falsa.

Actividad 4.

- Falsa.
- Verdadera.
- Verdadera.

Actividad 5.

- El Título VI.
- El Título VIII.
- El Título IX.
- El Título II.
- El Título X.

Actividad 6.

> Art. 16 CE.

Actividad 7.

> La Ley Orgánica 3/2018, de 5 de diciembre, de Protección de Datos Personales y garantía de los derechos digitales.

Actividad 8.

- Derecho de expresión: Art. 20 CE.
- Inviolabilidad del domicilio: Art. 18 CE.
- Derecho de asociación: Art. 22 CE.

Actividad 9.

> En el año 2001, concretamente el 31 de diciembre.

Actividad 10.

- Deber de trabajar: Art.35 CE.
- Deber de conservación del medio ambiente: Art. 45 CE.
- Deberes tributarios: Art. 31 CE.

Actividad 11.

- Verdadera.
- Falsa.

TEMA 2

El Estatuto de Autonomía de Extremadura: Estructura y modificaciones. Título Preliminar. Las competencias. Las instituciones de Extremadura

Una buena planificación es imprescindible. Organízate con nuestros **recursos y consejos** de tu Curso MAD360.

Índice

1. El Estatuto de Autonomía de Extremadura. Antecedentes, estructura y contenido

El Estatuto de Autonomía de Extremadura es la norma institucional básica de nuestra Comunidad. Fue aprobado por las Cortes Generales por la Ley Orgánica 1/1983, de 25 de febrero, modificado en cuatro ocasiones:

- Por Ley Orgánica 5/1991, de 13 de marzo.

- Por Ley Orgánica 8/1994, de 24 de marzo.

- Por Ley Orgánica 12/1999, de 6 de mayo.

- Por Ley Orgánica 1/2011, de 28 de enero.

Ha sido, sin duda, la última de sus reformas la más trascendente. Como la propia ley indica, la realidad política, institucional y social que alumbró la constitución de Extremadura en Comunidad Autónoma, instrumentada por la aprobación de su Estatuto por Ley Orgánica 1/1983, de 25 de febrero, ha sido intensa e inequívocamente alterada en gran parte por obra de la descentralización administrativa que la Constitución de 1978 propició, y por el ejercicio de las potestades de autogobierno que así se instauraron.

El Estatuto no es solo una norma jurídica que regula los instrumentos de nuestro gobierno, sino también es una norma política, y si se quiere social, que permite señalar nuestros retos como comunidad, que deben ser los propios de esa nueva sociedad, y de una nueva época, el siglo XXI, y aunque las sucesivas reformas de 1991, 1994 y 1999 han contribuido a actualizar de modo puntual aquel Estatuto primigenio, convenía acometer una reforma de mayor calado e intensidad que le posibilite ser un eficaz instrumento de cohesión política y social.

La última de las reformas se caracteriza principalmente por lo siguiente:

- Reordena las materias tradicionales del Estatuto e incorpora mejoras dictadas por las nuevas tendencias de la técnica legislativa.

- Opta por no establecer un cuadro diferencial de derechos y deberes de los extremeños.

- Refleja los nuevos objetivos políticos de los poderes públicos acordes con los cambios sociales.

- Amplía el elenco competencial teniendo en cuenta las precisiones jurisprudenciales.

- Refuerza la autonomía de las instituciones de autogobierno y crea otras de relevancia estatutaria.

- Profundiza en los mecanismos de cooperación vertical y horizontal.

- Refleja y ordena la actividad exterior de la región.

- Reconoce y refuerza la autonomía política y financiera de las entidades locales.

- Es exigente en materia de relaciones financieras con la hacienda estatal.

- Introduce garantías para las sucesivas reformas del propio Estatuto.

1.1. Estructura y contenido

Consta de 91 artículos y se estructura en un Preámbulo, un Título Preliminar, 7 Títulos, 7 disposiciones adicionales, 1 disposición derogatoria y 1 disposición final.

- PREÁMBULO
- TÍTULO PRELIMINAR. (Arts. 1 a 7).
  * CAPÍTULO I. Disposiciones generales
  * CAPÍTULO II. Derechos, deberes y principios rectores
- TÍTULO I. De las competencias de la Comunidad Autónoma de Extremadura. (Arts. 8 a 14).
- TÍTULO II. De las instituciones de Extremadura. (Arts. 15 a 48).
  * CAPÍTULO I. De la Asamblea de Extremadura
  * CAPÍTULO II. Del Presidente de Extremadura
  * CAPÍTULO III. De la Junta de Extremadura y de la Administración
  * CAPÍTULO IV. Del ejercicio y control de los poderes de la Comunidad
  * CAPÍTULO V. De otras instituciones estatutarias
- TÍTULO III. Del Poder Judicial en Extremadura. (Arts. 49 a 52).
- TÍTULO IV. De la organización territorial. (Arts. 53 a 60).
- TÍTULO V. De las relaciones institucionales de la Comunidad Autónoma. (Arts. 61 a 72).
  * CAPÍTULO I. De las relaciones con las instituciones del Estado
  * CAPÍTULO II. De las relaciones con otras Comunidades Autónomas
  * CAPÍTULO III. De la acción exterior de Extremadura
- TÍTULO VI. De la economía y de la hacienda. (Arts. 73 a 90).
  * CAPÍTULO I. De la Economía de Extremadura
  * CAPÍTULO II. De la Hacienda Pública de Extremadura
  * CAPÍTULO III. De las relaciones con la Hacienda del Estado
- TÍTULO VII. De la reforma del Estatuto. (Art. 91).
- DISPOSICIONES ADICIONALES
  * Primera. Asignaciones complementarias
  * Segunda. Inversiones ordinarias del Estado
  * Tercera. Cesión de tributos
  * Cuarta. Traspaso de medios materiales y financieros
  * Quinta. Traspaso de medios personales
  * Sexta. Constitución de la Comisión Mixta de Asuntos Económicos y Fiscales
  * Séptima. Seguridad

1.2. Título Preliminar

1.2.1. Disposiciones generales

El capítulo primero del Título Preliminar desarrolla una serie de disposiciones generales a lo largo de los cinco primeros artículos:

	Artículo 1	Comunidad Autónoma de Extremadura
	Artículo 2	Territorio
DISPOSICIONES GENERALES	Artículo 3	Extremeñas y extremeños
	Artículo 4	Símbolos
	Artículo 5	Capital

Artículo 1. Comunidad Autónoma de Extremadura

1. Extremadura, como expresión de su identidad regional histórica y por voluntad democrática de los extremeños, se constituye en Comunidad Autónoma, dentro de la unidad de la Nación española, de acuerdo con la Constitución y con el presente Estatuto, que es su norma institucional básica.

2. La Comunidad Autónoma de Extremadura, a través de sus instituciones, asume el ejercicio de su autogobierno regional, la defensa de su propia identidad y de sus valores, así como la mejora y promoción del bienestar de los extremeños.

3. Los poderes de la Comunidad Autónoma de Extremadura emanan del pueblo, de la Constitución y del presente Estatuto.

4. Son elementos diferenciales de Extremadura, y han de orientar la actuación de los poderes públicos, la vitalidad de su reciente identidad colectiva, la calidad de su medioambiente y su patrimonio cultural, el predominio del mundo rural, su proyección en Portugal e Iberoamérica, los condicionantes históricos de su desarrollo socioeconómico y la baja densidad de su población y su dispersión, entendida como dificultad relativa de acceso a los servicios y equipamientos generales. Los poderes públicos adoptarán las medidas necesarias para evitar que de tales diferencias se deriven desigualdades frente al conjunto del Estado y para corregir las existentes.

 Actividad 1

¿De quién emanan los poderes de la Comunidad Autónoma de Extremadura?

Artículo 2. Territorio

1. El territorio de Extremadura, al que se extienden sus poderes, es el de los municipios comprendidos dentro de los actuales límites de las provincias de Badajoz y Cáceres.

2. No obstante, las normas, disposiciones o actos de las instituciones extremeñas podrán tener efectos extraterritoriales cuando sea necesario para el pleno ejercicio de aquellas de sus competencias cuya naturaleza lo requiera.

Artículo 3. Extremeñas y extremeños

1. A los efectos del presente Estatuto, ostentan la condición política de extremeños los ciudadanos españoles que, de acuerdo con las leyes generales del Estado, tengan vecindad administrativa en cualquiera de los municipios de Extremadura.

2. Igualmente, son extremeños los españoles residentes en el extranjero que hayan tenido la última vecindad administrativa en Extremadura y acrediten esta condición en la correspondiente representación diplomática de España. Sus descendientes inscritos como españoles gozarán de esa condición si así lo solicitan en la forma que determine una ley del Estado.

3. Las comunidades extremeñas asentadas fuera de Extremadura, con arreglo a lo establecido en la ley, podrán solicitar el reconocimiento de la identidad extremeña, entendida como el derecho a colaborar y compartir la vida social y cultural del pueblo extremeño y sin que, en ningún caso, implique la concesión de derechos políticos. La Comunidad Autónoma podrá solicitar del Estado la celebración de los oportunos tratados o convenios internacionales con los Estados en los que existan dichas comunidades.

Artículo 4. Símbolos

1. La bandera extremeña está formada por tres franjas horizontales iguales, verde la superior, blanca la central y negra la inferior.

Sabías que...

Existen distintas versiones del porqué de los colores de la bandera extremeña. Una de las más extendidas nos explica que:

- El color verde corresponde con la naturaleza, la fertilidad y la esperanza de una nueva Extremadura.

- El blanco simboliza la paz, la pureza y la unidad de los extremeños.

- El negro rememora la lucha, la resistencia y la dignidad frente a las invasiones y la opresión a lo largo de la historia, así como a la tristeza por los numerosos extremeños emigrantes que tuvieron que abandonar su tierra.

- La interpretación histórica expone que los colores de la bandera son un homenaje a la historia medieval de la región.

- El color verde por ser el color del emblema de la Orden de Alcántara, implantada en el territorio de la actual provincia de Cáceres y posteriormente asentada también en Badajoz.

- El color blanco por ser el color empleado en el pendón real de León, repobladora de la región.

- El color negro en honor al estandarte de igual color de los reyes aftásidas del Reino de Badajoz, cuyo reinado destacaría por su contribución al arte y la cultura.

2. El escudo y el himno de Extremadura se regularán por ley de la Asamblea aprobada por mayoría de dos tercios de los diputados (actualmente Ley 4/1985, de 3 de junio).

3. El día de Extremadura es el 8 de septiembre.

4. La protección de los símbolos de Extremadura es la que corresponde a los demás símbolos del Estado, de acuerdo con el ordenamiento jurídico.

Artículo 5. Capitalidad

La capital de Extremadura es la ciudad de Mérida, sede de la Asamblea, de la Presidencia y de la Junta.

1.2.2. Derechos, deberes y principios rectores

El capítulo segundo del Título Preliminar desarrolla los derechos y deberes de los extremeños en el artículo 6, así como los principios rectores de los poderes públicos en el artículo 7.

DERECHOS, DEBERES Y PRINCIPIOS RECTORES	Artículo 6	Derechos y deberes de los extremeños
	Artículo 7	Principios rectores de los poderes públicos extremeños

Artículo 6. Derechos y deberes de los extremeños

1. Los derechos fundamentales de los extremeños son los establecidos en la Constitución. Además, podrán ejercer frente a los poderes públicos regionales aquellos otros derechos contenidos en este Estatuto o en la legislación, especialmente el de participar en los asuntos públicos directamente o por medio de representantes y el de petición.

2. Para contribuir al bienestar colectivo, son deberes de los extremeños los previstos en la Constitución y en el resto del ordenamiento jurídico.

Artículo 7. Principios rectores de los poderes públicos extremeños

Los poderes públicos regionales:

1. Ejercerán sus atribuciones con las finalidades primordiales de promover las condiciones de orden social, político, cultural o económico, para que la libertad y la igualdad de los extremeños, entre sí y con el resto de los españoles, sean reales y efectivas; remover los obstáculos que impidan o dificulten su plenitud; y facilitar la participación de todos en la vida política, económica, cultural y social de Extremadura, en un contexto de libertad, justicia y solidaridad.

2. Fomentarán los valores de los extremeños y el afianzamiento de su identidad a través de la investigación, desarrollo y difusión de los rasgos sociales, históricos, lingüísticos y culturales de Extremadura en toda su variedad y extensión, con especial atención al rico patrimonio de las formas tradicionales de la vida de los pueblos, en un marco irrenunciable de pleno desarrollo socioeconómico rural.

3. Impulsarán activamente la equidad territorial y la cohesión social en sus políticas internas y en sus relaciones con otras Comunidades Autónomas, con las instituciones generales del Estado y con las europeas. Asimismo, alentarán el crecimiento demográfico regional, apoyarán el retorno de los emigrantes y lucharán contra la despoblación de las zonas rurales.

4. Promoverán la concertación y el diálogo social con sindicatos y empresarios como instrumentos necesarios en la concepción y ejecución de sus políticas de cohesión y desarrollo.

5. Adoptarán activamente todo tipo de políticas para la consecución del pleno empleo, especialmente mediante medidas que promuevan la inversión productiva y que ajusten la oferta y la demanda de trabajo en un marco de responsabilidad social empresarial.

6. Estimularán la investigación científica y técnica, la incorporación de procesos innovadores por los actores económicos, el acceso a las nuevas tecnologías por parte de empresas y ciudadanos y los mecanismos legales y técnicos que faciliten el libre acceso de todos al conocimiento y la cultura.

7. Perseguirán un modelo de desarrollo sostenible y cuidarán de la preservación y mejora de la calidad medioambiental y la biodiversidad de la región, con especial atención a sus ecosistemas característicos, como la dehesa. Asimismo, sus políticas contribuirán proporcionadamente a los objetivos establecidos en los acuerdos internacionales sobre lucha contra el cambio climático.

8. Velarán por un uso racional del agua y por su distribución solidaria entre los ciudadanos que la precisen, de acuerdo con el marco constitucional de competencias y las prioridades que señale la ley, sin menoscabo de la calidad de vida de los extremeños, del desarrollo económico de Extremadura confirmado mediante estudios que garanticen las demandas actuales y futuras de todos los usos y aprovechamientos, y sin perjuicio de las compensaciones a que haya lugar.

9. Favorecerán medidas para el ahorro y la eficiencia energética y apoyarán la generación de energías renovables. Asimismo, velarán estrictamente por el retorno a la región de los beneficios resultantes de la exportación de energía fuera de su territorio.

10. Consideran un objetivo irrenunciable la masiva difusión de la cultura en su sentido más amplio y un acceso igualitario de los extremeños a la información y a los bienes y servicios culturales. Para ello, Extremadura considera instrumentos particularmente útiles el dominio de otras lenguas, el manejo de las tecnologías de la información y la comunicación, la extensión de los sistemas operativos de código abierto y el uso de las licencias de libre copia y distribución. Asimismo, velarán por la conservación de los bienes del patrimonio cultural, histórico y artístico.

11. Asumen como una aspiración esencial la más estricta garantía de los derechos a la salud, a la educación y a la protección pública en caso de dependencia.

12. Consideran un objetivo irrenunciable que informará todas las políticas regionales y la práctica de las instituciones, la plena y efectiva igualdad de la mujer en todos los ámbitos de la vida pública, familiar, social, laboral, económica y cultural. Asimismo, removerán los obstáculos que impidan o dificulten la igualdad real y efectiva mediante las medidas de acción positiva que resulten necesarias.

13. Promoverán políticas para garantizar el respeto a la orientación sexual y a la identidad de género de todas las personas.

14. Velarán por la especial protección de aquellos sectores de población con especiales necesidades de cualquier tipo. La igualdad efectiva de los extremeños pasa inexcusablemente por la adopción de políticas específicas para la infancia, los mayores y cualquier otro sector social con necesidades específicas.

15. Promoverán la autonomía, la igualdad de oportunidades y la integración social y laboral de las personas con discapacidad, con especial atención a su aportación activa al conjunto de la sociedad, a la enseñanza y uso de la lengua de signos española y a la eliminación de las barreras físicas.

16. Cuidarán de la existencia de canales para la expresión de las opiniones de los jóvenes, de la eficacia de sus sistemas asociativos y del fomento de sus capacidades emprendedoras, asumiendo su participación en la vida pública como un elemento esencial para el desarrollo presente y futuro de la región. También velarán por su orientación profesional, su emancipación familiar y su acceso a la vivienda.

17. La integración de los inmigrantes que viven en Extremadura es un objetivo común de las políticas públicas regionales y que estará orientado por los principios del mutuo conocimiento, el respeto por las diferencias, la igualdad de derechos y deberes, en el marco de los principios y valores constitucionales.

18. Asumen que la Comunidad Autónoma de Extremadura es parte activa del proceso de integración europea, mediante los mecanismos de participación en las instituciones de la Unión que se establezcan por los tratados, las leyes nacionales o los acuerdos de ámbito estatal o europeo, mediante su intervención en las asociaciones europeas de regiones y a través de las actividades internas de difusión de las políticas y los valores europeos.

19. Impulsarán todo tipo de relaciones con Portugal, tanto de las instituciones como de la sociedad extremeñas, bajo los principios de lealtad, respeto por la respectiva identidad, mutuo beneficio y solidaridad. Asimismo, fomentarán las relaciones de cualquier naturaleza con los pueblos e instituciones de la comunidad iberoamericana de naciones.

20. Entienden como una exigencia ética colectiva, la contribución activa de la sociedad regional y de sus instituciones a la paz y al desarrollo socioeconómico, político y cultural de todas las naciones y pueblos del mundo, mediante sus propias acciones de cooperación al desarrollo y su participación en las que realicen otras instancias españolas o internacionales.

2. Las competencias de la Comunidad Autónoma de Extremadura

El Título I del Estatuto de Autonomía trata de las competencias de la Comunidad Autónoma de Extremadura del artículo 8 al 14.

2.1. Disposiciones generales

El artículo 8 establece que la Comunidad Autónoma de Extremadura asume competencias sobre las materias que se identifican en los siguientes artículos. Dichas competencias comprenderán las funciones que en cada caso procedan, sin perjuicio de las que pudieran corresponder al Estado en virtud de títulos competenciales propios previstos en la Constitución.

Asimismo, asume las competencias que le sean atribuidas, delegadas o transferidas por el Estado, de conformidad con lo previsto en la Constitución, y cualesquiera otras que le puedan corresponder de acuerdo con esta, con los otros títulos del presente Estatuto y con el resto del ordenamiento jurídico.

En el ejercicio de sus competencias la Comunidad Autónoma podrá establecer políticas propias.

COMPETENCIAS DE LA COMUNIDAD AUTÓNOMA	Exclusivas (art. 9)
	Concurrentes o de desarrollo normativo y ejecución (art. 10)
	Compartidas o de ejecución (art. 11)

2.2. Competencias exclusivas

De acuerdo con el artículo 9 la Comunidad Autónoma de Extremadura tiene competencia exclusiva sobre las siguientes materias:

1. Creación, organización, régimen jurídico y funcionamiento de sus instituciones, así como la organización de su propia Administración y la de los entes instrumentales que de ella dependan.

2. Administración de justicia, de conformidad con lo previsto en el Título III de este Estatuto.

3. Organización territorial propia de la Comunidad Autónoma y régimen local en los términos del Título IV de este Estatuto.

4. Conservación, defensa y protección del Fuero de Baylío e instituciones de derecho consuetudinario.

 Sabías que...

El **Fuero del Baylío** es una norma consuetudinaria asentada en algunas zonas de Extremadura, sobre todo de la provincia de Badajoz y posteriormente, también en Ceuta, por la cual todos los bienes aportados por los cónyuges al matrimonio se hacen comunes al liquidarse la sociedad conyugal por separación, divorcio o muerte.

Antes de la Reforma del Código Civil del año 90 se regían por el Fuero del Baylío:

1. Los matrimonios contraídos dentro o fuera del territorio del Fuero por marido y mujer aforados.

2. Los contraídos por mujer de vecindad civil común o de otra zona de derecho foral y marido aforado (la vecindad del varón era la referencia).

Actualmente, son matrimonios sometidos al Fuero del Baylío:

1. Si se trata de contrayentes naturales ambos de cualquiera de los pueblos incluidos en su ámbito geográfico (por ejemplo, los dos naturales de Alburquerque).

2. Si sólo uno de ellos es natural de alguno de estos pueblos y pactan la sujeción al Fuero antes de la celebración del matrimonio y en escritura pública.

3. Si sólo uno de ellos es natural de una población donde rija el Fuero, y no produciéndose la anterior elección, resulta estar comprendida en el ámbito de aplicación la residencia habitual común inmediatamente posterior a la celebración.

4. Si, dándose los mismos presupuestos que el apartado anterior, no existe tal residencia común y el matrimonio se celebró en cualquiera de las localidades sometidas al Fuero.

5. Especialidades del procedimiento administrativo. Normas procesales derivadas del derecho propio. Regulación del recurso gubernativo en aplicación del derecho extremeño frente a la calificación por parte de registros de la propiedad, mercantiles y de bienes muebles.

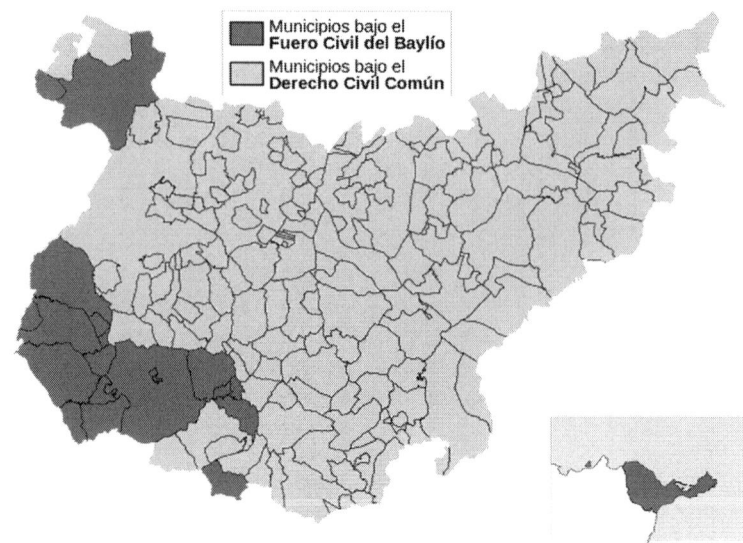

6. Cooperación transfronteriza e internacional para el desarrollo, en coordinación con el Estado.

7. Fomento del desarrollo económico y social de la Comunidad Autónoma dentro de los objetivos de la política económica nacional.

8. Ordenación de la Hacienda de la Comunidad Autónoma.

9. Estadística para fines de interés de la Comunidad Autónoma.

10. Cajas de ahorros e instituciones de crédito cooperativo, en el marco de la ordenación general de la economía y del crédito. Organización y funcionamiento de mutualidades de previsión social.

11. Cámaras de comercio e industria y otras corporaciones de derecho público representativas de intereses económicos y profesionales. Colegios profesionales y ejercicio de profesiones tituladas.

12. Agricultura, ganadería y pastos. Industrias agroalimentarias.

13. Creación y regulación de denominaciones de origen y otras menciones de calidad.

14. Caza y explotaciones cinegéticas. Pesca fluvial y lacustre. Acuicultura.

15. Industria, salvo lo regulado al respecto en la legislación general sobre seguridad, sanidad, defensa, minas e hidrocarburos.

16. Comercio interior, dentro de la unidad de mercado y conforme a la legislación mercantil. Regulación y régimen de control administrativo de las actividades y equipamientos comerciales, en especial de las grandes superficies. Ferias y mercados no internacionales. Autorización para el establecimiento de centros de contratación de mercancías y bolsas de valores situados en el territorio de Extremadura.

17. Organización, funcionamiento y régimen de las cooperativas y entidades asimiladas. Fomento de todas las modalidades de economía social.

18. Consumo. Regulación de las medidas de prevención, protección y defensa de los consumidores y usuarios, de sus derechos y de los órganos y procedimientos de mediación. Lucha contra el fraude.

19. Turismo. Ordenación, planificación, información y promoción interior y exterior. Regulación de los derechos y obligaciones de los usuarios y de los prestadores de servicios turísticos. Regulación y clasificación de las empresas y establecimientos turísticos y hosteleros.

20. Artesanía.

21. Publicidad comercial e institucional.

22. Investigación, desarrollo e innovación científica y técnica, en coordinación con el Estado. Coordinación de la actividad investigadora financiada con fondos públicos de la Comunidad Autónoma. Innovación y desarrollo tecnológicos.

23. Régimen de las nuevas tecnologías de la sociedad de la información y la comunicación.

24. Sanidad y salud pública, en lo relativo a la organización, funcionamiento interno, coordinación y control de los centros, servicios y establecimientos sanitarios en la Comunidad Autónoma. Participación en la planificación y coordinación general de la sanidad. Promoción de la salud y de la investigación biomédica.

25. Ordenación farmacéutica.

26. Infancia y juventud. Protección y tutela de menores.

27. Acción social. En particular, la promoción y protección de los mayores y la prevención, atención e inserción social de los colectivos afectados por cualquier tipo de discapacidad, dependencia o cualesquiera otras circunstancias determinantes de exclusión social. Prestaciones económicas de asistencia social diferentes de las de seguridad social.

28. Políticas de integración y participación social, cultural, económica y laboral de los inmigrantes, en colaboración con el Estado, y participación en las políticas de inmigración estatales.

29. Políticas de igualdad de género, especialmente la aprobación de normas y ejecución de planes para el establecimiento de medidas de discriminación positiva para erradicar las desigualdades por razón de sexo.

30. Protección a la familia e instrumentos de mediación familiar.

31. Urbanismo y vivienda. Normas de calidad e innovación tecnológica en la edificación y de conservación del patrimonio urbano tradicional.

32. Ordenación del territorio.

33. Políticas y normas adicionales y complementarias de las del Estado en materia de protección medioambiental y lucha contra el cambio climático. Regulación de los espacios naturales protegidos propios y adopción de medidas para su protección y puesta en valor. Mantenimiento, conservación y mejora de la dehesa.

34. Desarrollo sostenible del medio rural. Tratamiento especial de las zonas de montaña.

35. Servicio meteorológico de la Comunidad Autónoma.

36. Ordenación, planificación y gestión de las aguas que discurran íntegramente por el territorio de Extremadura, así como de los usos y aprovechamientos, incluida su concesión. Planificación, construcción y explotación de las obras e infraestructuras hidráulicas, canales y riegos que no estén calificados de interés general por el Estado ni afecten a otras Comunidades Autónomas. Aguas minerales y termales. Participación, en la forma que determine la legislación del Estado, en la gestión de las aguas pertenecientes a cuencas intercomunitarias que discurran por el territorio de Extremadura.

37. Instalaciones de producción, almacenamiento, distribución y transporte de energías de cualquier tipo en su territorio, incluida la eléctrica cuando el aprovechamiento de esta no afecte a otras Comunidades Autónomas. Normas adicionales de garantía en la calidad del suministro y participación en los organismos estatales reguladores del sector energético, en los términos que establezca la legislación del Estado.

38. Obras e infraestructuras públicas de interés regional que no tengan la calificación de interés general del Estado y no afecten a otra Comunidad Autónoma, así como la participación en la planificación y, en su caso, en la ejecución y gestión de las infraestructuras de interés general en Extremadura, en los términos que establezca la legislación estatal.

39. Ferrocarriles, carreteras y caminos cuyo itinerario se desarrolle íntegramente en el territorio de la Comunidad Autónoma y en el mismo ámbito los transportes terrestres y fluviales con independencia de la titularidad de la infraestructura. Centros de transporte, logística y distribución situados en Extremadura. Aeropuertos, helipuertos, puertos deportivos y otras infraestructuras de transporte que no sean de interés general. Participación en la planificación y, en su caso, ejecución y gestión de las infraestructuras de interés general en la Comunidad Autónoma, en los términos que establezca la legislación del Estado.

40. Vigilancia y protección de sus edificios e instalaciones.

41. Coordinación y demás facultades previstas en la ley orgánica correspondiente en relación con las policías locales.

42. Protección civil y emergencias.

43. Espectáculos y actividades recreativas. Ordenación general del sector y régimen de intervención administrativa y control de espectáculos públicos.

44. Casinos, juegos y apuestas, incluidas las modalidades por medios telemáticos cuando la actividad se desarrolle exclusivamente en Extremadura.

45. Asociaciones y fundaciones de todo tipo que desarrollen principalmente sus funciones en Extremadura. Fomento del voluntariado.

46. Deporte. Promoción, regulación y planificación de actividades y equipamientos deportivos y otras actividades de ocio.

47. Cultura en cualquiera de sus manifestaciones. Patrimonio histórico y cultural de interés para la Comunidad Autónoma. Folklore, fiestas y tradiciones populares. Protección de las modalidades lingüísticas propias. Academias científicas y culturales de Extremadura.

48. Museos, archivos, bibliotecas y otros centros culturales y de depósito de interés para la Comunidad que no sean de titularidad estatal. Conservatorios de música y danza, centros de artes escénicas y de bellas artes.

49. Fomento, protección y promoción de las producciones y creaciones artísticas y literarias, cualquiera que sea el medio en que se manifiesten y el soporte en que se comuniquen o contengan, especialmente de la edición de libros y publicaciones periódicas y de las producciones audiovisuales, cinematográficas, musicales y escénicas, así como la regulación e inspección de las salas de exhibición.

50. Régimen y convocatoria de consultas populares no vinculantes diferentes al referéndum.

En estas materias, corresponde a la Comunidad Autónoma la función legislativa, la potestad reglamentaria y, en ejercicio de la función ejecutiva, la adopción de cuantas medidas, decisiones y actos procedan.

2.3. Competencias de desarrollo normativo y ejecución

De acuerdo con el artículo 10 la Comunidad Autónoma de Extremadura tiene competencias de desarrollo normativo y ejecución en las siguientes materias:

1. Régimen jurídico de sus administraciones públicas, de la contratación del sector público, de las concesiones y de los bienes de titularidad pública de estas, de la responsabilidad patrimonial de la administración de acuerdo con el sistema general de responsabilidad de las administraciones públicas y del régimen estatutario de los empleados públicos.

2. Medio ambiente. Regulación y protección de la flora, la fauna y la biodiversidad. Prevención y corrección de la generación de residuos y vertidos y de la contamina-

ción acústica, atmosférica, lumínica, del suelo y del subsuelo. Regulación del abastecimiento, saneamiento y depuración de las aguas. Montes, aprovechamientos forestales y vías pecuarias.

3. Ordenación del crédito, banca, seguros, mutualidades de previsión social, entidades gestoras de planes y fondos de pensiones.

4. Educación y enseñanza en toda su extensión, niveles, grados, modalidades y especialidades. En particular, el régimen, organización y control de los centros educativos, del personal docente, de las materias de interés regional, de las actividades complementarias y de las becas con fondos propios.

5. Universidades públicas y privadas. En particular, la programación y creación de centros públicos, la autorización de los privados, la aprobación definitiva de sus estatutos y normas de funcionamiento, los procedimientos de acceso, el régimen retributivo y la regulación de los títulos propios, así como la financiación de las públicas y el régimen de control, fiscalización y examen de sus cuentas.

6. Seguridad social, con excepción de las normas que configuran su régimen económico y sin perjuicio de lo dispuesto en el artículo siguiente.

7. Régimen minero y energético e instalaciones radioactivas de segunda y tercera categorías.

8. Prensa, radio y televisión y otros medios de comunicación. Creación, regulación y mantenimiento de medios de comunicación social de carácter público, cuya actividad estará presidida por los principios de independencia, pluralidad, neutralidad, objetividad y servicio público.

9. Sanidad y salud pública. Sanidad agrícola y animal. Sanidad alimentaria.

En estas materias, corresponde a la Comunidad Autónoma desarrollar, ejecutar y, en su caso, complementar la normativa del Estado, mediante la legislación propia de desarrollo, la potestad reglamentaria y la función ejecutiva.

2.4. Competencias de ejecución

De acuerdo con el artículo 11 la Comunidad Autónoma de Extremadura tiene competencias de ejecución en las siguientes materias:

1. Sistema penitenciario.

2. Nombramiento de notarios, registradores de la propiedad y mercantiles y otros fedatarios públicos. Participación en la fijación de las demarcaciones de notarías y registros de la propiedad y mercantiles. Registro civil.

3. Propiedad intelectual e industrial.

Actividad 2

Asocia mediante flechas las siguientes competencias de la Comunidad Autónoma de Extremadura:

Ordenación del crédito, banca, seguros, mutualidades de previsión social, entidades gestoras de planes y fondos de pensiones.

Productos farmacéuticos.

Sanidad y salud pública, en lo relativo a la organización, funcionamiento interno, coordinación y control de los centros, servicios y establecimientos sanitarios en la Comunidad Autónoma. Participación en la planificación y coordinación general de la sanidad. Promoción de la salud y de la investigación biomédica.

Exclusivas

De desarrollo normativo y de ejecución

Régimen jurídico de sus Administraciones Públicas, de la contratación del sector público, de las concesiones y de los bienes de titularidad pública de estas, de la responsabilidad patrimonial de la administración de acuerdo con el sistema general de responsabilidad de las Administraciones Públicas y del régimen estatutario de los empleados públicos.

De ejecución

Defensa de la competencia en el ámbito del mercado extremeño.

Coordinación y demás facultades previstas en la ley orgánica correspondiente en relación con las policías locales.

4. Pesas y medidas. Contraste de metales.

5. Ferias internacionales que se celebren en Extremadura.

6. Productos farmacéuticos.

7. Trabajo y relaciones laborales, incluyendo la función pública inspectora, que se coordinará con el Estado. Las políticas activas de empleo, la intermediación laboral, la seguridad y salud en el trabajo, la formación profesional para el empleo y, en su caso, la gestión de los fondos de protección del desempleo.

8. Gestión del régimen económico de la seguridad social y de los servicios que integran el sistema, con pleno respeto a los principios de unidad económico-patrimonial y de solidaridad financiera.

9. Aeropuertos, helipuertos y otras infraestructuras de transporte con calificación de interés general cuya gestión directa no se reserve la Administración general del Estado.

10. Museos, archivos, bibliotecas y otras colecciones de naturaleza análoga de titularidad estatal cuya gestión no se reserve el Estado.

11. Gestión de los parques nacionales y, en su caso, de los internacionales en el territorio de Extremadura, en el marco de los acuerdos que al respecto suscriba el Estado.

12. Defensa de la competencia en el ámbito del mercado extremeño.

13. Fijación, en colaboración con el Estado, de las necesidades del mercado laboral que determinan la concesión de las autorizaciones de trabajo de los extranjeros.

En estas materias corresponden a la Comunidad Autónoma la potestad reglamentaria organizativa y la adopción de planes, programas, medidas, decisiones y actos.

2.5. Desarrollo y ejecución de normas supranacionales

Son funciones de la Comunidad Autónoma de Extremadura el desarrollo y, en su caso, la ejecución de la normativa de la Unión Europea en los ámbitos materiales de competencia autonómica.

La Comunidad Autónoma ejecutará, asimismo, los tratados y convenios internacionales ratificados por el Reino de España en lo que afecten a materias de su competencia.

2.6. Otras facultades asociadas a las competencias

En el ámbito de sus competencias y además de las expresamente contempladas, corresponden a la Comunidad Autónoma todas aquellas funciones que resulten inherentes a su pleno ejercicio y, en particular, la gestión del demanio especial afectado y la declaración de utilidad pública o interés social a efectos expropiatorios, así como la determinación de los supuestos, causas y condiciones de ejercicio de tal potestad, la determinación de criterios objetivos de valoración y el establecimiento de los órganos que los apliquen y fijen el justiprecio.

En todas las materias de su competencia corresponde a la Comunidad Autónoma el ejercicio de las actividades de policía, de servicio público y de fomento, pudiendo regular la concesión y otorgar y controlar subvenciones con cargo a fondos propios y, en su caso, a los provenientes de otras instancias públicas.

La Comunidad Autónoma participará en el ejercicio de competencias estatales que condicionen las competencias autonómicas o afecten a los recursos naturales o riquezas regionales.

2.7. Homogeneidad competencial

Las instituciones estatutarias velarán para que el elenco competencial de Extremadura sea actualizado en términos de homogeneidad respecto del conjunto de las Comunidades Autónomas. A tal efecto, adoptarán las iniciativas que procedan para reformar este Estatuto o para solicitar al Estado la ampliación de las competencias autonómicas mediante la adopción de las leyes pertinentes.

3. Las Instituciones de Extremadura

La Comunidad Autónoma ejercerá sus poderes a través de la Asamblea, del Presidente y de la Junta de Extremadura.

Las instituciones de la Comunidad ejercerán sus funciones y competencias con sometimiento a la ley y de conformidad con los principios de lealtad institucional, solidaridad, colaboración, coordinación, cooperación y mutua ayuda, entre sí y con todos los poderes públicos.

Analizamos a continuación las más relevantes.

3.1. La Asamblea de Extremadura

De acuerdo a lo establecido en el artículo 15.1, la Comunidad Autónoma ejerce sus poderes a través de la Asamblea, del Presidente y de la Junta de Extremadura. Además, de acuerdo al artículo 15.2 son instituciones estatutarias, dotadas de autonomía orgánica, funcional y presupuestaria, el Consejo Consultivo, el Consejo de Cuentas, el Consejo Económico y Social y el Personero del Común.

Las instituciones de la Comunidad ejercerán sus funciones y competencias con sometimiento a la ley y de conformidad con los principios de lealtad institucional, solidaridad, colaboración, coordinación, cooperación y mutua ayuda, entre sí y con todos los poderes públicos (artículo 15.3).

La Asamblea de Extremadura se halla recogida en el Capítulo I del Título II del Estatuto de Autonomía, del artículo 16 al 23.

3.1.1. Carácter y atribuciones

La Asamblea, que representa al pueblo extremeño, es elegida por cuatro años, es inviolable y no podrá ser disuelta salvo en los supuestos previstos en el presente Estatuto. Goza de autonomía reglamentaria, presupuestaria, administrativa y disciplinaria, en los términos del presente Estatuto.

De acuerdo con el artículo 16.2 corresponde a la Asamblea de Extremadura:

a) Ejercer las iniciativas de reforma de la Constitución y del presente Estatuto.

b) El ejercicio de la potestad legislativa de la Comunidad Autónoma.

c) Aprobar los Presupuestos de la Comunidad Autónoma y autorizar el recurso al crédito público, en los términos del Título VI de este Estatuto.

d) Elaborar su Reglamento, cuya aprobación y modificación exigirá mayoría absoluta de la Cámara en una votación final sobre el conjunto del proyecto.

e) Aprobar el estatuto del personal de la Asamblea en el marco del régimen general de los empleados públicos de la Comunidad Autónoma.

f) Controlar el ejercicio de las delegaciones legislativas conferidas a la Junta y convalidar sus Decretos-leyes.

g) Solicitar al Gobierno de la nación la adopción de proyectos de ley o remitir al Congreso de los Diputados proposiciones de ley, conforme al artículo 87.2 de la Constitución.

h) Promover y controlar la acción del Presidente y de la Junta de Extremadura, y exigir, en su caso, su responsabilidad política en los términos previstos en este Estatuto.

i) Controlar la gestión financiera de la Hacienda regional y examinar sus propias cuentas y las de las demás instituciones, organismos, empresas y entidades públicas, incluidas las universidades, sin perjuicio del control que corresponda al Consejo de Cuentas o, en su caso, al Tribunal de Cuentas del Reino.

j) Ejercer el control de los medios de comunicación social dependientes de la Comunidad Autónoma.

k) Examinar los convenios de gestión de servicios y autorizar la suscripción de acuerdos de cooperación con otras Comunidades Autónomas, en los términos de los artículos 65 y 66 de este Estatuto.

l) Designar de entre los diputados de la Asamblea a los senadores a que se refiere el artículo 69.5 de la Constitución tras las elecciones autonómicas, de acuerdo con la representación proporcional de los grupos de la Cámara y a propuesta de estos. Los diputados designados podrán optar por mantener su escaño autonómico o bien dimitir del mismo, sin perjuicio de su condición de senadores con mandato vinculado a la legislatura autonómica.

m) Proponer los nombramientos para las altas instituciones del Estado o de la Comunidad Autónoma que sean de su competencia.

n) Interponer recursos de inconstitucionalidad y demás procedimientos de la competencia del Tribunal Constitucional para los que esté legitimada, o personarse en ellos, en defensa del interés de la Comunidad Autónoma.

ñ) Cualquier otra facultad o función que se derive de la Constitución, del presente Estatuto y del ordenamiento jurídico.

3.1.2. Elecciones

Los diputados de la Asamblea de Extremadura, en número máximo de 65, serán elegidos por sufragio universal, libre, igual, directo y secreto, de acuerdo con criterios de representación proporcional.

Las elecciones serán convocadas mediante decreto del Presidente de la Comunidad Autónoma y serán electores y elegibles los ciudadanos que, teniendo la condición política de extremeños, estén en pleno uso de sus derechos.

La provincia será la circunscripción electoral. La ley distribuirá el número de diputados de la Asamblea atribuidos a las provincias asignando una representación mínima inicial a cada circunscripción y distribuyendo los demás que correspondan en proporción a la población. Actualmente 36 diputados son elegidos en la provincia de Badajoz y 29 diputados en la provincia de Cáceres.

La ley electoral, cuya aprobación requerirá mayoría de tres quintos de los diputados de la Asamblea, regulará la convocatoria de elecciones; el procedimiento y los sistemas electorales; la fórmula de atribución de escaños; las subvenciones, los gastos electorales y su control; y un sistema específico de inelegibilidad e incompatibilidad de los candidatos y diputados. En todo caso, las candidaturas se compondrán con criterios de igualdad de género.

La sesión constitutiva de la Asamblea electa será convocada por el Presidente cesante dentro de los quince días siguientes a la celebración de las elecciones.

3.1.3. Estatuto de los Diputados

ESTATUTO DE LOS DIPUTADOS	– Representan a la totalidad de la región
	– No están sujetos a mandato imperativo alguno
	– Inviolabilidad por los votos y opiniones que emitan
	– Inmunidad. No pueden ser detenidos ni retenidos salvo flagrante delito
	– Vecindad administrativa en Extremadura

Los Diputados de la Asamblea, cuyos derechos y atribuciones se completan en el Reglamento de la misma, representan a la totalidad de la región y no estarán sujetos a mandato imperativo.

Los Diputados disponen, aun después de haber cesado su mandato, de inviolabilidad por los votos y opiniones que emitan en el ejercicio de su cargo. Durante su mandato, no podrán ser detenidos ni retenidos en el territorio de la Comunidad sino en caso de flagrante delito, correspondiendo decidir, en todo caso, sobre su inculpación, prisión, procesamiento y juicio al Tribunal Superior de Justicia de Extremadura. Fuera de dicho territorio la responsabilidad penal será exigible, en los mismos términos, ante la Sala de lo Penal del Tribunal Supremo.

Los Diputados deberán tener vecindad administrativa en Extremadura.

Sin perjuicio de otras causas, los diputados cesan a los cuatro años de su elección o en la fecha de publicación oficial del decreto de convocatoria de elecciones, tanto en el caso de disolución anticipada como en el de agotamiento de la legislatura. No obstante, los miembros de la Diputación Permanente continúan en el ejercicio de sus funciones hasta la constitución de la nueva Cámara.

3.1.4. Órganos

De acuerdo con el artículo 19 la Asamblea elegirá de entre sus miembros el Presidente, la Mesa y la Diputación Permanente, cuyos regímenes jurídicos y procedimientos de elección se determinarán en el Reglamento:

ÓRGANOS DE LA ASAMBLEA	– Presidente – Mesa – Diputación Permanente

1. Presidente de la Asamblea

La Asamblea de Extremadura está representada por su Presidente, que dirige las sesiones de la misma, sostiene su competencia, ejecuta su sección presupuestaria dando cuenta a la Mesa, ejerce las facultades administrativas y de policía en su sede y desempeña aquellas otras funciones que le encomienden el Estatuto, el Reglamento de la Cámara o la ley.

2. La Mesa de la Asamblea

La Mesa de la Asamblea, que se compone del Presidente y de los Vicepresidentes y Secretarios de la Cámara, en el número que establezca el Reglamento, es el órgano de gobierno interior de la misma y ejerce cuantas funciones le atribuya el Reglamento.

En concreto, se encuentra bajo la dirección del Presidente de la Asamblea y está formada por tres vicepresidentes y cuatro secretarios, todos con voz y voto. Es asistida por el letrado mayor y el secretario general de la Cámara.

3. La Diputación Permanente

La Diputación Permanente sustituirá al Pleno entre los períodos ordinarios de sesiones y asumirá todas las funciones de la Asamblea cuando esta hubiera sido disuelta anticipadamente o se hubiera agotado la legislatura y hasta la constitución de la nueva Cámara.

Está formada además de por el Presidente, por los miembros de la Mesa y 10 diputados (total dieciocho miembros).

3.1.5. Grupos parlamentarios

El Reglamento precisará un número mínimo de diputados para la constitución de Grupos parlamentarios, regulará la intervención de estos en las actividades de la Asamblea y establecerá las funciones de la Junta de Portavoces.

Podrán formar grupo parlamentario propio los diputados, con un mínimo de tres, incluidos en las listas de un mismo partido político, agrupación o coalición electoral que se hayan presentado como tal a las elecciones autonómicas.

Los Grupos de la Asamblea formarán parte de todas las comisiones en proporción al número de sus miembros.

 Recuerda que...

Podrán formar **grupo parlamentario** propio los Diputados, con un mínimo de tres, incluidos en las listas de un mismo partido político, agrupación o coalición electoral que se hayan presentado como tal a las elecciones autonómicas.

3.1.6. Régimen de funcionamiento

El Reglamento regulará el régimen de funcionamiento, períodos y sesiones del Pleno y las Comisiones en que se organiza la Asamblea de Extremadura.

Solo serán válidos los acuerdos del Pleno y de las Comisiones cuando se adopten en reuniones reglamentariamente convocadas, con asistencia de la mayoría de sus miembros y obtengan la aprobación de la mayoría simple de los votos emitidos, excepto en los casos en que este Estatuto o una ley exijan una mayoría cualificada.

Una ley regulará la comparecencia de autoridades y empleados públicos de Extremadura para informar, a requerimiento de la Asamblea, en asuntos de interés de la Comunidad Autónoma, y la de estos y los ciudadanos ante las Comisiones parlamentarias de investigación, así como las sanciones que procedan por incumplimiento.

3.1.7. Potestad legislativa

La potestad legislativa de la Comunidad Autónoma reside en el Pleno de la Asamblea, que podrá delegarla en las Comisiones en los términos y condiciones que establezca el Reglamento de la Cámara, salvo en los casos en los que este Estatuto exige una mayoría cualificada o en las leyes de presupuestos.

Con las mismas limitaciones, el Pleno de la Asamblea podrá delegar expresamente en la Junta de Extremadura la potestad de dictar normas con rango de ley, denominadas decretos legislativos, sobre materias determinadas y con los fines, objetivos, alcance, prohibiciones, plazos y formas establecidos en los artículos 82 y 83 de la Constitución.

Sin perjuicio de los controles parlamentarios adicionales que pudieran establecerse en la ley de delegación, los textos articulados o refundidos se someterán, antes de su entrada en vigor, a una votación de totalidad en procedimiento de lectura única en la Asamblea.

3.1.8. Iniciativa legislativa

Los Diputados y los Grupos parlamentarios de la Asamblea ostentan la iniciativa legislativa en los términos que establezca el Reglamento de la Cámara.

También dispone de esta iniciativa la Junta de Extremadura, que, además, podrá oponerse a la tramitación de iniciativas legislativas que afecten a una delegación legislativa en vigor o que supongan minoración de ingresos o aumento de gastos en el ejercicio presupuestario corriente.

Con las condiciones de número y población que se determinen en una ley aprobada por mayoría absoluta, las entidades locales podrán, asimismo, presentar iniciativas legislativas a la Asamblea en materias de competencia de la Comunidad Autónoma.

La iniciativa legislativa popular para materias de competencia de la Comunidad Autónoma se ejercerá, con las limitaciones constitucionales previstas, en los términos que determine una ley de la Asamblea de Extremadura aprobada por mayoría absoluta. En todo caso, las iniciativas legislativas que se presenten por esta vía deberán estar avaladas por al menos 45.000 firmas acreditadas del censo para las elecciones a la Asamblea.

INICIATIVA LEGISLATIVA	– Diputados y grupos parlamentarios – Junta de Extremadura – Entidades Locales – Iniciativa popular: 45.000 firmas

3.2. El Presidente de la Junta de Extremadura

La Presidencia se trata en el Capítulo II del Título II del Estatuto de Autonomía, del artículo 24 al 30.

3.2.1. Carácter y funciones

El Presidente ostenta la más alta representación de la Comunidad Autónoma, ejerce la representación ordinaria del Estado en la misma y preside la Junta de Extremadura.

Por ley se regulará el estatuto del Presidente, el régimen de ejercicio de sus funciones y sus relaciones y las de la Junta de Extremadura con la Asamblea.

3.2.2. Investidura

El Presidente será elegido por la Asamblea de Extremadura de entre sus miembros y nombrado por el Rey.

En el plazo de quince días desde su constitución, el Presidente de la Asamblea, previa consulta a los Grupos parlamentarios, propondrá un candidato a la Presidencia de entre los que le sean presentados, al menos, por la cuarta parte de los miembros de la Cámara.

El candidato propuesto presentará su programa al Pleno de la Asamblea dentro de los quince días siguientes a su designación. Tras el correspondiente debate se procederá a la votación de investidura, en la que el candidato deberá obtener mayoría absoluta para ser proclamado Presidente.

De no obtener tal mayoría, se procederá a una nueva votación cuarenta y ocho horas después de la primera en la que se requerirá mayoría simple. El procedimiento podrá repetirse, con los mismos o diferentes candidatos, cuantas veces lo considere oportuno el Presidente de la Asamblea. Si en el plazo de dos meses a partir de la primera votación ninguno de los candidatos hubiera sido elegido, la Asamblea quedará disuelta y el Presidente de la Comunidad Autónoma en funciones procederá a convocar nuevas elecciones.

El mismo procedimiento se seguirá en el caso de que la Presidencia quede vacante por cualquier otra causa.

3.2.3. Atribuciones

De acuerdo a lo establecido en el artículo 26, corresponden al Presidente cuantas atribuciones le confieran la Constitución, este Estatuto y las leyes, y en particular las siguientes:

FUNCIONES DEL PRESIDENTE	– Como supremo representante de la CA – Como representante ordinario del Estado – Como Presidente de la Junta de Extremadura

1. Como supremo representante de la Comunidad Autónoma:

   a) Ejercer la representación de Extremadura en sus relaciones con las instituciones del Estado, con otras Comunidades Autónomas y con las demás administraciones públicas, y en el ámbito internacional cuando proceda.

   b) Suscribir convenios de colaboración con el Estado y acuerdos de cooperación con otras Comunidades Autónomas, sin perjuicio de su delegación en otras autoridades.

   c) Convocar elecciones a la Asamblea de Extremadura, la sesión constitutiva de esta y, en su caso, disolverla en los términos previstos en este Estatuto.

2. Como representante ordinario del Estado:

   a) Promulgar en nombre del Rey las leyes aprobadas por la Asamblea de Extremadura y demás normas con rango de ley, ordenando su publicación en el Diario Oficial de Extremadura y, en su caso, en el Boletín Oficial del Estado.

   b) Ordenar la publicación en el Diario Oficial de Extremadura de los nombramientos del Delegado del Gobierno y demás altas autoridades estatales en Extremadura, de acuerdo con lo previsto en este Estatuto.

   c) Asegurar en el ámbito de la Comunidad Autónoma el respeto al orden constitucional y al resto del ordenamiento jurídico, adoptando las medidas que fuesen necesarias en el marco de las competencias que le son propias.

3. Como Presidente de la Junta de Extremadura:

   a) Establecer, de acuerdo con su programa político, las directrices generales de la acción de gobierno e impulsar, dirigir y coordinar la acción del mismo.

   b) Dictar decretos del Presidente para la creación o extinción de Vicepresidencias y Consejerías, para la modificación de la denominación de las existentes o para la distribución de competencias entre ellas, dando cuenta a la Asamblea, así como resolver los conflictos de atribuciones que se susciten entre los miembros de la Junta.

   c) Convocar las reuniones de la Junta de Extremadura; fijar el orden del día; presidir, suspender y levantar sus sesiones; dirigir las deliberaciones; y velar por el cumplimiento de las decisiones adoptadas.

d) Firmar los decretos y acuerdos adoptados por la Junta de Extremadura y ordenar su publicación oficial cuando proceda.

e) Ejercer las acciones que correspondan en vía jurisdiccional, dando cuenta a la Junta de Extremadura.

f) Remitir a la Asamblea la información que esta requiera del Gobierno o Administración regionales.

 Actividad 3

Asocia mediante flechas las siguientes funciones que corresponden al Presidente de Extremadura:

Como supremo representante de la CA	Ordenar la publicación en el Diario Oficial de Extremadura de los nombramientos del Delegado del Gobierno y demás altas autoridades estatales en Extremadura, de acuerdo con lo previsto en el Estatuto.
	Convocar elecciones a la Asamblea de Extremadura, la sesión constitutiva de esta y, en su caso, disolverla en los términos previstos en el Estatuto.
Como representante ordinario del Estado	Remitir a la Asamblea la información que esta requiera del Gobierno o Administración regionales.
	Suscribir convenios de colaboración con el Estado y acuerdos de cooperación con otras Comunidades Autónomas, sin perjuicio de su delegación en otras autoridades.
Como Presidente de la Junta de Extremadura	Establecer, de acuerdo con su programa político, las directrices generales de la acción de gobierno e impulsar, dirigir y coordinar la acción del mismo.
	Asegurar en el ámbito de la Comunidad Autónoma el respeto al orden constitucional y al resto del ordenamiento jurídico, adoptando las medidas que fuesen necesarias en el marco de las competencias que le son propias.

3.2.4. Disolución anticipada de la Asamblea

El Presidente, previa deliberación de la Junta de Extremadura y bajo su exclusiva responsabilidad, podrá disponer la disolución anticipada de la Asamblea de Extremadura.

El decreto de disolución no podrá aprobarse cuando esté en trámite una moción de censura ni antes de que transcurra un año desde la anterior disolución, salvo el supuesto regulado en el artículo 25.4 de este Estatuto.

En el decreto de disolución se convocarán nuevas elecciones, estableciéndose cuantas determinaciones exija la legislación electoral aplicable.

3.2.5. Causas de cese del Presidente

CAUSAS DE CESE DEL PRESIDENTE	– Pérdida de confianza – Moción de censura – Otras causas: nuevas elecciones, dimisión voluntaria, fallecimiento, inhabilitación o resolución judicial, incompatibilidad

3.2.5.1. Cuestión de confianza

El Presidente, previa deliberación de la Junta de Extremadura y siempre que no esté en trámite una moción de censura, puede plantear a la Asamblea la cuestión de confianza sobre una declaración política general en el marco de las competencias de la Comunidad Autónoma.

La confianza se entenderá otorgada cuando vote a favor de la misma la mayoría simple de los miembros de la Asamblea.

Si la Asamblea negara su confianza al Presidente, este presentará su dimisión ante la Cámara, cuyo Presidente convocará, en el plazo máximo de quince días, sesión plenaria para la elección de nuevo Presidente, de acuerdo con el procedimiento de investidura previsto en este Estatuto.

3.2.5.2. Moción de censura

La Asamblea de Extremadura puede exigir la responsabilidad política del Presidente de la Comunidad Autónoma mediante la adopción por mayoría absoluta de una moción de censura que habrá de ser propuesta, al menos, por un quince por ciento de los miembros de la Cámara e incluir un candidato a Presidente que presentará su programa alternativo.

No podrá ser votada una moción de censura hasta que transcurran cinco días desde su presentación. En los dos primeros días de dicho plazo podrán presentarse mociones alternativas.

Si la Asamblea aprobara una moción de censura, el Presidente cesará automáticamente en sus funciones y el candidato propuesto en dicha moción se entenderá investido de la confianza de la Cámara, dándose cuenta al Rey para su nombramiento.

En una misma legislatura, los signatarios de una moción de censura rechazada no podrán impulsar otra hasta transcurrido un año desde la presentación de aquella.

3.2.5.3. Otras causas de cese del Presidente

El Presidente, además de por la aprobación de una moción de censura, cesa por la celebración de nuevas elecciones y por dimisión voluntaria presentada por escrito al Presidente de la Asamblea. En estos dos casos, el Presidente cesante continuará desempeñando su cargo en funciones hasta la elección de quien haya de sustituirle.

Cesa, además, por fallecimiento, por inhabilitación derivada de condena penal ejecutiva o resolución judicial que limite sus derechos civiles de modo incompatible con su alta función, por incompatibilidad con el desempeño de otros cargos públicos y por aquellas otras causas previstas en la ley, siendo sustituido provisionalmente por el miembro de la Junta de Extremadura que la ley determine.

Por ley se regulará el estatuto de los expresidentes.

3.2.5.4. Presidentes de Extremadura

A la hora de relacionar los Presidentes de Extremadura debemos distinguir entre los presidentes preautonómicos, que ejercieron el cargo de Presidente de la Junta Regional antes de la aprobación del Estatuto de Autonomía, y los presidentes de la Junta de Extremadura.

a) Presidentes preautonómicos:

– Luis Jacinto Ramallo García (UCD)

Primer Presidente de la Junta Regional de Extremadura, entre los años 1978 y 1980.

– Manuel Bermejo Hernández (UCD)

Presidente de la Junta Regional de Extremadura entre 1980-1982.

b) Presidentes de la Junta de Extremadura:

– Juan Carlos Rodríguez Ibarra (PSOE)

Fue el primer Presidente de la Junta de Extremadura, ocupando el cargo durante 24 años, entre 1983 y 2007, las seis primeras legislaturas.

– Guillermo Fernández Vara (PSOE)

Fue Presidente de la VII legislatura, entre 2007 y 2011.

– José Antonio Monago Terraza (PP)

Fue Presidente de la VIII legislatura, entre 2011 y 2015.

– Guillermo Fernández Vara (PSOE)

En la IX y X legislatura, Guillermo Fernández Vara vuelve a ostentar el cargo de Presidente de la Junta de Extremadura.

– María Guardiola Martín (PP)

Desde el 17 de julio de 2023, en la XI legislatura, María Guardiola Martín es la primera Presidenta de la Junta de Extremadura.

3.3. La Junta de Extremadura

El Capítulo III del Título II del Estatuto de Autonomía trata de la Junta de Extremadura y la Administración en dos secciones: la sección primera trata del Gobierno de la Comunidad Autónoma (artículos 31 a 36) y la segunda de la Administración (artículos 37 a 39).

3.3.1. Sección 1.ª Del Gobierno de la Comunidad Autónoma

3.3.1.1. Carácter y función

La Junta de Extremadura es el órgano colegiado que ejerce las funciones propias del Gobierno de la Comunidad Autónoma.

La Junta de Extremadura responde políticamente ante la Asamblea de forma solidaria, sin perjuicio de la responsabilidad directa de cada uno de sus miembros por su gestión.

3.3.1.2. Atribuciones

Corresponde a la Junta de Extremadura:

1. Establecer la política general de la Comunidad Autónoma en relación con las competencias asumidas, dirigir la Administración regional y ejercer la potestad reglamentaria y la función ejecutiva.

2. Interponer recursos de inconstitucionalidad y demás procedimientos de la competencia del Tribunal Constitucional para los que esté legitimada, o personarse en ellos en defensa de los intereses de la Comunidad Autónoma.

3. Ejecutar las secciones del Presupuesto de la Comunidad en los términos que establezca la ley.

4. Resolver los conflictos de competencias entre corporaciones locales cuando no se haya establecido reserva a favor del Estado.

5. Ejercer cuantas otras competencias o atribuciones le asignen el Estatuto y las leyes.

3.3.1.3. Legislación de urgencia

En caso de extraordinaria y urgente necesidad, la Junta de Extremadura puede dictar disposiciones legislativas provisionales bajo la forma de Decreto-ley. Si bien no pueden ser objeto de Decreto-ley la reforma del Estatuto, las leyes de presupuestos o las materias objeto de leyes para las que se requiera una mayoría cualificada.

Los Decretos-leyes quedan derogados si en el plazo improrrogable de un mes desde su publicación oficial no son convalidados por la Asamblea, tras su debate y en votación de totalidad.

 Recuerda que...

En caso de extraordinaria y urgente necesidad, la Junta de Extremadura puede dictar disposiciones legislativas provisionales bajo la forma de **Decreto-ley,** que necesitarán la convalidación por la Asamblea en el plazo de 1 mes.

No pueden ser objeto de Decreto-ley:

- La reforma del Estatuto.
- Las leyes de presupuestos.
- Las materias objeto de leyes para las que se requiera una mayoría cualificada.

La Asamblea puede tramitar los Decretos-leyes como proyectos de ley por el procedimiento de urgencia, dentro del plazo mencionado.

3.3.1.4. Composición

La Junta de Extremadura está compuesta por el Presidente, los Vicepresidentes, de haberlos, y los Consejeros:

- El Presidente nombra y separa libremente a los miembros de la Junta, dando cuenta a la Asamblea de Extremadura. De igual forma establece las sustituciones que procedan entre ellos.
- Los Vicepresidentes y, en su caso, los Consejeros suplirán al Presidente en caso de vacante, ausencia o enfermedad, de acuerdo con las precedencias que disponga la ley.

En la actualidad, la Junta de Extremadura está presidida por María Guardiola. La denominación, el número y las competencias de las Consejerías que la conforman son las siguientes:

CONSEJERÍAS DE LA JUNTA DE EXTREMADURA	Consejería de Presidencia, Interior y Dialogo Social. Consejería de Hacienda y Administración Pública. Consejería de Agricultura, Ganadería y Desarrollo Sostenible. Consejería de Economía, Empleo y Transformación Digital. Consejería de Salud y Servicios Sociales. Consejería de Cultura, Turismo, Jóvenes y Deportes. Consejería de Educación, Ciencia y Formación Profesional. Consejería de Infraestructuras, Transporte y Vivienda. Consejería de Gestión Forestal y Mundo Rural.

3.3.1.5. Estatuto de los miembros

El Estatuto de los miembros de la Junta de Extremadura será regulado por Ley de la Asamblea, determinándose en ella las causas de incompatibilidad.

En todo caso:

a) Residencia. Los miembros de la Junta deberán residir en Extremadura.

b) Incompatibilidad. Los miembros de la Junta no podrán ejercer otras funciones representativas que las propias del mandato parlamentario ni cualquier otra función pública que no derive de su cargo. Tampoco podrán desempeñar ninguna clase de actividad laboral, profesional o empresarial salvo en representación de participaciones o intereses públicos.

c) Aforamiento. La responsabilidad penal del Presidente y de los Consejeros será exigible ante el Tribunal Superior de Justicia de Extremadura por los actos delictivos cometidos dentro del territorio de la Comunidad Autónoma. Fuera de este, la responsabilidad será exigible ante la Sala de lo Penal correspondiente del Tribunal Supremo. La responsabilidad civil por hechos relativos a su función será exigible ante aquel Tribunal Superior.

3.3.1.6. Cese

La Junta cesa cuando lo hace su Presidente, continuando en funciones hasta la toma de posesión del nuevo Gobierno. La ley regulará las demás causas de cese de los miembros del Gobierno.

3.3.2. Sección 2.ª De la Administración de la Comunidad Autónoma

3.3.2.1. Principios rectores

La Administración regional, bajo la dependencia de la Junta de Extremadura, sirve con objetividad a los intereses generales y procura satisfacer con eficacia y eficiencia las necesidades públicas, de conformidad con los principios constitucionales y estatutarios.

En su actuación, respetará los principios de buena fe, confianza legítima, transparencia, calidad en el servicio a los ciudadanos, así como los establecidos en el artículo 15.3 del Estatuto (principios de lealtad institucional, solidaridad, colaboración, coordinación, cooperación y mutua ayuda, entre sí y con todos los poderes públicos).

PRINCIPIOS RECTORES	Servir con objetividad a los intereses generales
	Satisfacer con eficacia y eficiencia las necesidades públicas
	En su actuación: buena fe, confianza legítima, transparencia y calidad
	Lealtad institucional, solidaridad, colaboración, coordinación, cooperación y mutua ayuda

3.3.2.2. Potestades

En el ejercicio de sus competencias, la Administración de la Comunidad Autónoma dispondrá de las mismas potestades y facultades que la del Estado. Entre otras, comprenderá:

a) La presunción de legitimidad y el carácter ejecutivo de sus actos, así como los poderes de ejecución forzosa.

b) La potestad expropiatoria, para cuyo ejercicio la Comunidad Autónoma podrá crear un órgano propio de determinación de justiprecios.

c) La potestad sancionadora, dentro de los límites que establezcan la ley y las normas que la desarrollen.

d) Los poderes de investigación, deslinde y recuperación de oficio en materia de patrimonio y la inembargabilidad de sus bienes y derechos.

e) La facultad de utilización del apremio administrativo y los privilegios de prelación, preferencia y demás reconocidos a la hacienda pública en materia de cobro de créditos a su favor.

f) La exención de la obligación de prestar toda clase de cauciones o garantías ante los juzgados y tribunales de cualquier jurisdicción y ante los organismos públicos.

g) La comparecencia en juicio en los mismos términos que la Administración del Estado.

h) La fe pública de sus actos, acuerdos y contratos en los términos que determine la ley.

i) La revisión de oficio de sus actos y disposiciones en vía administrativa.

j) En general, cualquier otra facultad de autotutela que le reconozca el ordenamiento jurídico.

3.3.2.3. Medidas de buena administración

Por ley de la Asamblea se regulará la forma de creación y funcionamiento de los órganos administrativos, bajo criterios de calidad en la prestación de los servicios públicos, así como las formas de participación de los ciudadanos en los procedimientos de elaboración de las disposiciones generales que les afecten.

La Comunidad Autónoma regulará los procedimientos administrativos propios y adaptará los procedimientos generales para dar celeridad y transparencia a la tramitación administrativa, para extender las relaciones interadministrativas y con los ciudadanos por medios telemáticos y para la simplificación de trámites.

Los poderes públicos de Extremadura redactarán sus normas, acuerdos y actos con sencillez y claridad. Se procurará la permanente ordenación sistemática y la codificación de las normas autonómicas.

3.4. Ejercicio y control de los poderes de la Comunidad

El Capítulo IV del Estatuto trata del ejercicio y control de los poderes de la comunidad.

Publicidad normativa

Las leyes de la Asamblea de Extremadura serán promulgadas en nombre del Rey por el Presidente de la Comunidad Autónoma en el plazo de diez días desde su remisión oficial por la Cámara, disponiendo su inmediata publicación en el Diario Oficial de Extremadura.

Las disposiciones generales, en todo caso, y los actos emanados de instituciones que requieran ser publicados, se insertarán en el mismo diario oficial. Dicha publicación será suficiente para determinar la entrada en vigor de las normas autonómicas y para la eficacia de dichos actos.

Las leyes de la Asamblea y los decretos con rango legal que dicte la Junta de Extremadura serán publicadas, además, en el Boletín Oficial del Estado. Los demás actos y disposiciones se publicarán en el referido boletín de conformidad con lo que dispongan las normas de Estado.

Las leyes de la Asamblea de Extremadura y las disposiciones normativas del Presidente y la Junta entrarán en vigor a los veinte días de su publicación íntegra en el Diario Oficial de Extremadura, salvo que en ellas se disponga otra cosa.

Control jurisdiccional de disposiciones y actos

Leyes

Las leyes de la Asamblea de Extremadura y los decretos leyes están excluidos del recurso contencioso-administrativo y únicamente sujetos al control de constitucionalidad, sin perjuicio del sistema de resolución de conflictos del artículo 44 del Estatuto.

Decretos legislativos

Los decretos legislativos podrán ser fiscalizados por la jurisdicción constitucional y, en su caso, por la contencioso-administrativa en los supuestos de desviación o exceso en el ejercicio de la delegación legislativa. No procederá la revisión contenciosa cuando el texto articulado o refundido se hubiere debatido y votado por la Asamblea de Extremadura.

Normas reglamentarias, actos y acuerdos

Las normas reglamentarias, así como los actos y acuerdos de los órganos ejecutivos y administrativos de la Comunidad Autónoma, serán recurribles ante la jurisdicción contencioso-administrativa o, en su caso, ante la jurisdicción competente.

Responsabilidad de los poderes públicos y de la Administración

La aplicación de las leyes y de los actos legislativos no expropiatorios no genera responsabilidad indemnizable salvo que de modo expreso se establezca en tales normas.

La responsabilidad patrimonial de la Administración autonómica y la de sus autoridades y empleados por el funcionamiento de los servicios públicos se regirá por las leyes generales del Estado, sin perjuicio de los supuestos adicionales de indemnización que pueda establecer la Asamblea mediante ley.

Conflictos jurisdiccionales

En defensa de su propia competencia, el Presidente, la Junta de Extremadura y cualquiera de sus miembros, el Presidente de la Asamblea y los titulares de las demás instituciones a que se refiere este título podrán plantear conflicto a los órganos jurisdiccionales en el modo que se establezca en la correspondiente ley estatal.

Suscitado el conflicto, la Comunidad Autónoma estará representada en los órganos que deban resolverlo, en los términos que disponga la ley orgánica de conflictos de jurisdicción.

Conflictos entre Instituciones de autogobierno

El Presidente y la Junta de Extremadura podrán deducir conflicto de atribuciones a la Asamblea y esta a aquellos en reclamación de las competencias que este Estatuto o la ley les confieren respectivamente.

En el plazo de un mes desde que se tenga noticia de la supuesta extralimitación, la institución que considere que sus atribuciones se han invadido requerirá de incompetencia a la otra, mediante exposición razonada de los títulos jurídicos que le asisten, dando traslado al Consejo Consultivo. En idéntico plazo desde la recepción de la anterior exposición, la institución requerida mantendrá o declinará su competencia, dando traslado igualmente al Consejo Consultivo. Mantenida la competencia, el referido Consejo, en igual plazo, emitirá dictamen no vinculante señalando la titularidad de la competencia controvertida.

El mismo procedimiento se seguirá en los casos en que el Presidente considere que las leyes de la Asamblea no se ajustan a la Constitución o al presente Estatuto, salvo que se haya iniciado contra ellas la tramitación de un recurso de inconstitucionalidad o de otro tipo ante el Tribunal Constitucional.

4. Otras instituciones estatutarias

Además, son instituciones estatutarias, dotadas de autonomía orgánica, funcional y presupuestaria, el Consejo Consultivo, el Consejo de Cuentas, el Consejo Económico y Social y el Personero del Común.

El Capítulo V del Estatuto trata detalladamente de estas instituciones:

- El Consejo Consultivo (art. 45).
- El Consejo de Cuentas (art. 46).
- El Consejo Económico y Social (art. 47).
- El Personero del Común (art. 48).

OTRAS INSTITUCIONES	El Consejo Consultivo	El Consejo de Cuentas	El Consejo Económico y Social	El Personero del Común
Funciones	Órgano consultivo superior	Control de actividad financiera y presupuestaria	Órgano consultivo en materias socioeconómicas	Similar al Defensor del Pueblo
Sede	Badajoz	Cáceres	Mérida	Plasencia

1. Consejo Consultivo

De acuerdo con el artículo 45 el Consejo Consultivo, con sede en la ciudad de Badajoz, es el órgano consultivo superior de las instituciones y de las administraciones de la Comunidad Autónoma.

Por Ley 19/2015, de 23 de diciembre, se derogó la Ley 16/2001, de 14 de diciembre, reguladora del Consejo Consultivo de Extremadura, que en aras de una optimización de recursos y de eficiencia de gastos crea la Comisión Jurídica de Extremadura como órgano colegiado, integrado en la administración autonómica y con una composición profesional y no política.

La Comisión Jurídica de Extremadura actuará en Pleno, que estará compuesto por cinco vocales, uno de ellos el Presidente. Actuará como Secretario uno de los vocales designados por acuerdo de entre sus miembros, a propuesta del Presidente.

Los Vocales serán nombrados mediante Decreto del Consejo de Gobierno, a propuesta de quien ostente la titularidad de la Consejería con las competencias de Administración Pública debiendo reunir los siguientes requisitos:

– Ser funcionarios de carrera con la categoría de Letrados o Titulados Superiores Especialidad Jurídica de la Junta de Extremadura, de la Asamblea de Extremadura o de cualquier cuerpo o especialidad similar de cualquier Administración Pública siempre que acrediten reunir las cualificaciones jurídicas y profesionales que garanticen un adecuado conocimiento en las materias sobre las que deberán conocer y especialmente en materia de contratación del sector público.

– Llevar en servicio activo en dicha categoría o especialidad más de diez años.

– No haber ocupado en los últimos diez años un cargo público o un puesto de naturaleza eventual en cualquier Administración Pública.

2. Consejo de Cuentas

El artículo 46 establece que el Consejo de Cuentas, con sede en la ciudad de Cáceres y dependiente de la Asamblea, controla externamente la actividad financiera y presupuestaria de las instituciones, de la Administración autonómica, de las entidades locales, del sector público dependiente de aquella y de estas, así como de las universidades públicas de Extremadura, fiscalizando sus cuentas con criterios de legalidad, economía y eficiencia en el gasto, sin perjuicio de la jurisdicción y competencia del Tribunal de Cuentas del Reino, que podrá delegar en el Consejo aquellas funciones jurisdiccionales que permita su ley constitutiva.

Una ley de la Asamblea de Extremadura aprobada por mayoría absoluta regulará la composición, las competencias, el régimen jurídico, la organización y el funcionamiento del Consejo.

3. Consejo Económico y Social

De acuerdo con el artículo 47 una ley de la Asamblea (Ley 3/1991, de 25 de abril) regulará la composición, las competencias, el régimen jurídico, la organización y el funcionamiento del Consejo Económico y Social de Extremadura, con sede en la ciudad de Mérida, como órgano colegiado consultivo de la Junta en materias socioeconómicas.

El Consejo está integrado por 25 miembros, incluido su Presidente. De ellos:

- Ocho componen el grupo primero en la representación de las organizaciones sindicales.

- Ocho el grupo segundo, en representación de las organizaciones empresariales.

- Y ocho el grupo tercero, correspondiendo uno de ellos al sector agrario, uno a Usuarios y Consumidores, uno al sector de la economía social, uno a la Universidad, uno a las Cajas de Ahorros de ámbito regional, uno al Consejo de la Juventud, siendo los dos restantes expertos en las materias competencias del Consejo.

Son funciones del Consejo:

- Emitir dictámenes con carácter previo, preceptivo y no vinculante sobre:

  a) Anteproyectos de Ley o proyectos de Decretos Legislativos que regulen materias económicas y sociales competencia de la Comunidad Autónoma y proyectos de Decretos que se consideren por el Gobierno tienen una especial trascendencia en la regulación de las indicadas materias y sobre los planes y programas que en esta materia elabore el ejecutivo.

     Se exceptúa expresamente de esta consulta el proyecto de Ley de Presupuestos Generales de la Comunidad Autónoma.

  b) Anteproyectos de Ley o de otras disposiciones administrativas que afecten a la organización, competencia o funcionamiento del Consejo.

  c) Separación del Presidente y del Secretario General.

  d) Cualquier otro asunto que por precepto expreso de una ley haya que consultar al Consejo.

- Emitir dictamen en los asuntos que, con carácter facultativo, se sometan a consulta del mismo por el Gobierno regional o la Asamblea de Extremadura.

- Elaborar, a solicitud del Gobierno o por propia iniciativa, estudios o informes en el marco de los intereses que le son propios.

- Regular el régimen de organización y funcionamiento internos del Consejo, de acuerdo con lo previsto en la presente ley.

- Elaborar y elevar anualmente al Gobierno una memoria en la que se reflejen sus consideraciones sobre la situación socio-económica de la región.

El Consejo deberá emitir su dictamen en el plazo que se fije por el Gobierno en la orden de remisión del expediente o en la solicitud de consulta. En ningún caso el plazo será inferior a quince días y transcurrido el correspondiente plazo sin que haya dictado el dictamen, este se entenderá evacuado.

4. Personero del Común

El artículo 48 establece que por ley de la Asamblea que regulará su régimen jurídico, se creará con sede en la ciudad de Plasencia el Personero del Común como comisionado de la misma y con funciones, respecto de las instituciones autonómicas y locales, similares a las del Defensor del Pueblo previsto en la Constitución. El Personero del Común deberá ser elegido por tres quintas partes de los miembros de la Asamblea de Extremadura.

 Actividad 4

Indica dónde tienen sus sedes las siguientes Instituciones:

- Presidencia _____
- Asamblea _____
- Junta de Extremadura _____
- El Consejo Consultivo _____
- El Consejo de Cuentas _____
- El Consejo Económico y Social _____
- El Personero del Común _____

5. Organización Judicial en el Estatuto de Autonomía

El Poder Judicial en Extremadura se trata en el Título III del Estatuto, del artículo 49 al 52.

5.1. Competencias de la Comunidad Autónoma

En materia de Administración de Justicia, la Comunidad Autónoma asume las competencias que la Ley Orgánica del Poder Judicial atribuya al Gobierno de la Nación.

En particular, en los términos previstos por la Ley Orgánica del Poder Judicial, corresponden a los poderes públicos de Extremadura las siguientes funciones:

a) Delimitar las demarcaciones territoriales de sus órganos jurisdiccionales y establecer, mediante ley de la Asamblea, sus sedes.

b) Solicitar, oído el Consejo de Justicia de Extremadura, la revisión de la planta de los juzgados y tribunales para adaptarla a las necesidades de la región. En su caso, por delegación del Gobierno de la Nación, la Junta de Extremadura podrá crear secciones y juzgados.

c) Ejercer las facultades normativas y ejecutivas en la creación, el diseño y la organización de las oficinas judiciales y las unidades administrativas, así como respecto del personal no judicial al servicio de la Administración de Justicia.

d) Ejercer esas mismas facultades en relación con los organismos e instituciones colaboradores de la Administración de Justicia, incluidos los servicios de medicina forense y de toxicología.

e) Proveer de medios personales, materiales y económicos a la Administración de Justicia dentro del marco de sus competencias.

f) Ordenar los servicios de justicia gratuita y de orientación jurídica, así como los de atención a las víctimas de delitos, en los términos que disponga la ley.

g) Ordenar la justicia de paz y de proximidad.

h) Establecer los instrumentos y procedimientos de mediación y conciliación en la resolución de conflictos en las materias de competencia autonómica. En particular, se crearán servicios de mediación familiar.

i) Proponer a las autoridades competentes la convocatoria de oposiciones y concursos para cubrir las plazas vacantes de magistrados, jueces, secretarios y fiscales en la Comunidad Autónoma. En su resolución será mérito preferente la especialización y conocimiento del derecho propio de Extremadura, especialmente en las plazas del Tribunal Superior de Justicia de Extremadura.

j) Promover la participación de los extremeños en la Administración de Justicia en las formas que la legislación prevea.

k) Las derivadas de otras competencias que le atribuya la legislación del Estado.

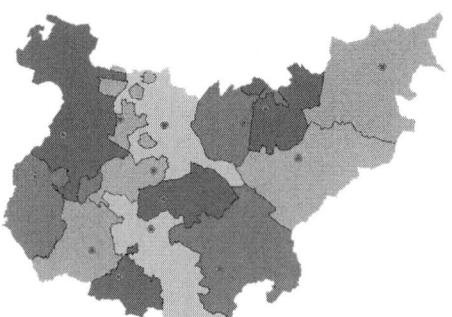

5.2. Tribunal Superior de Justicia de Extremadura

De acuerdo con lo establecido en el artículo 50, el Tribunal Superior de Justicia de Extremadura, con sede en la ciudad de Cáceres, es el órgano en el que culmina la organización judicial de Extremadura y constituye la última instancia jurisdiccional de los procesos y recursos tramitados en su ámbito territorial, sin perjuicio de las competencias del Tribunal Supremo.

El Tribunal Superior de Justicia de Extremadura conocerá de los asuntos y ejercerá las funciones que en materia de derecho estatal establezcan las leyes del Estado y, en los términos previstos por la Ley Orgánica del Poder Judicial, de las siguientes cuestiones:

a) De los recursos de casación fundados en la infracción del derecho propio de Extremadura, así como de los recursos extraordinarios de revisión que contemple la ley contra las resoluciones firmes de los órganos jurisdiccionales radicados en Extremadura.

b) De los recursos de casación y revisión relacionados con el Fuero del Baylío.

 Sabías que...

Un **recurso de casación** es un recurso extraordinario que tiene por objeto anular una sentencia judicial que contiene una incorrecta interpretación o aplicación de la ley (error *in iudicando*) o que ha sido dictado en un procedimiento que no ha cumplido los requisitos legales (error *in procesando*).

c) De las causas penales en que estén incursos los diputados de la Asamblea y los miembros de la Junta de Extremadura, de las demandas de responsabilidad civil contra los mismos por hechos derivados del ejercicio de sus cargos y de los procesos civiles sobre la capacidad de obrar del Presidente. Fuera del territorio de Extremadura, la responsabilidad penal será exigible, en los mismos términos, ante la Sala de lo Penal del Tribunal Supremo.

d) De las reclamaciones de responsabilidad de la Comunidad Autónoma por la aplicación de disposiciones y de actos legislativos de carácter no expropiatorio, conforme a lo establecido en el artículo 42.1.

El Tribunal Superior de Justicia se integra por las siguientes salas: de lo Civil y Penal, de lo Contencioso-Administrativo y de lo Social.

SALAS DEL TRIBUNAL SUPERIOR DE JUSTICIA	Civil y Penal
	Contencioso-Administrativo
	Social

5.3. De los Altos Cargos Judiciales y del Ministerio Fiscal en Extremadura

El Tribunal Superior de Justicia se compone de un Presidente, que lo es también de su sala de lo Civil y Penal, y tendrá la consideración de Magistrado del Tribunal Supremo mientras desempeñe el cargo; de los Presidentes de Sala y de los Magistrados que determine la ley para cada una de las Salas y, en su caso, de las Secciones que puedan dentro de ellas crearse.

Presidente del Tribunal Superior de Justicia de Extremadura

El Presidente del Tribunal Superior de Justicia de Extremadura representa ordinariamente al Poder Judicial en la Comunidad Autónoma. Será nombrado por el Rey a propuesta del Consejo General del Poder Judicial, oído el Consejo de Justicia de Extremadura, y su nombramiento será publicado en el Diario Oficial de Extremadura.

 Recuerda que...

El **Presidente del Tribunal Superior de Justicia de Extremadura** representa ordinariamente al Poder Judicial en la Comunidad Autónoma. Será nombrado por el Rey a propuesta del Consejo General del Poder Judicial, oído el Consejo de Justicia de Extremadura, y su nombramiento será publicado en el Diario Oficial de Extremadura.

Presidentes de sala

Con la misma audiencia serán nombrados los presidentes de sala del Tribunal Superior de Justicia de Extremadura en los términos que determine la Ley Orgánica del Poder Judicial.

Magistrados

En la forma que determine la Ley Orgánica del Poder Judicial, en cada una de las salas del Tribunal Superior de Justicia existirán magistrados nombrados por el Consejo General del Poder Judicial, oído el Consejo de Justicia de Extremadura, y elegidos de una terna propuesta por la Asamblea por tres quintos de los diputados entre juristas de reconocido prestigio con más de quince años de actividad profesional.

Fiscal Superior

De conformidad con sus normas orgánicas y como máximo representante del Ministerio Fiscal en la región, existirá un Fiscal Superior en la Comunidad Autónoma cuyo nombramiento será publicado en el Diario Oficial de Extremadura.

5.4. Consejo de Justicia de Extremadura

De acuerdo al artículo 52, el Consejo de Justicia de Extremadura es el órgano de participación institucional de la Comunidad Autónoma en el gobierno y la administración de la justicia en la Comunidad Autónoma, de acuerdo con lo que disponga la Ley Orgánica del Poder Judicial.

Solución a las actividades

Actividad 1.

Los poderes de la Comunidad Autónoma de Extremadura emanan del pueblo, de la Constitución y del Estatuto.

Actividad 2.

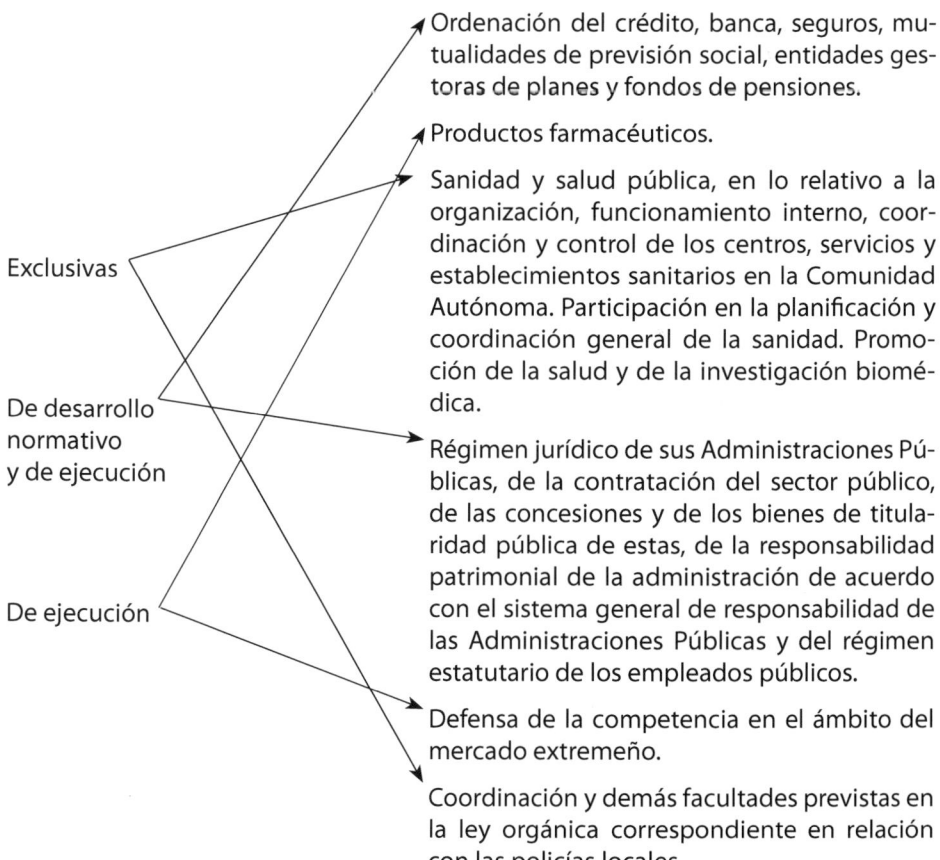

Exclusivas

De desarrollo normativo y de ejecución

De ejecución

Ordenación del crédito, banca, seguros, mutualidades de previsión social, entidades gestoras de planes y fondos de pensiones.

Productos farmacéuticos.

Sanidad y salud pública, en lo relativo a la organización, funcionamiento interno, coordinación y control de los centros, servicios y establecimientos sanitarios en la Comunidad Autónoma. Participación en la planificación y coordinación general de la sanidad. Promoción de la salud y de la investigación biomédica.

Régimen jurídico de sus Administraciones Públicas, de la contratación del sector público, de las concesiones y de los bienes de titularidad pública de estas, de la responsabilidad patrimonial de la administración de acuerdo con el sistema general de responsabilidad de las Administraciones Públicas y del régimen estatutario de los empleados públicos.

Defensa de la competencia en el ámbito del mercado extremeño.

Coordinación y demás facultades previstas en la ley orgánica correspondiente en relación con las policías locales.

Actividad 3.

Como supremo representante de la CA

Como representante ordinario del Estado

Como Presidente de la Junta de Extremadura

Ordenar la publicación en el Diario Oficial de Extremadura de los nombramientos del Delegado del Gobierno y demás altas autoridades estatales en Extremadura, de acuerdo con lo previsto en el Estatuto.

Convocar elecciones a la Asamblea de Extremadura, la sesión constitutiva de esta y, en su caso, disolverla en los términos previstos en el Estatuto.

Remitir a la Asamblea la información que esta requiera del Gobierno o Administración regionales.

Suscribir convenios de colaboración con el Estado y acuerdos de cooperación con otras Comunidades Autónomas, sin perjuicio de su delegación en otras autoridades.

Establecer, de acuerdo con su programa político, las directrices generales de la acción de gobierno e impulsar, dirigir y coordinar la acción del mismo.

Asegurar en el ámbito de la Comunidad Autónoma el respeto al orden constitucional y al resto del ordenamiento jurídico, adoptando las medidas que fuesen necesarias en el marco de las competencias que le son propias.

Actividad 4.

- Presidencia: Mérida.
- Asamblea: Mérida.
- Junta de Extremadura: Mérida.
- El Consejo Consultivo: Badajoz.
- El Consejo de Cuentas: Cáceres.
- El Consejo Económico y Social: Mérida.
- El Personero del Común: Plasencia.

TEMA 3

El Estatuto Marco del Personal Estatutario de los Servicios de Salud: normas generales. Clasificación del personal estatutario. Derechos y deberes. Adquisición y pérdida de la condición de personal estatutario fijo

Sigue nuestras **Técnicas de Memoria 360** y sácale el máximo rendimiento a tus horas de estudio.

Índice

1. La Ley 55/2003, de 16 de diciembre, Estatuto Marco del Personal Estatutario de los Servicios de Salud: normas generales

Antes de desarrollar los epígrafes concretos del temario, conviene hacer, siquiera sea someramente, una introducción histórica empezando por el propio nombre o denominación de personal estatutario.

La denominación deriva de los estatutos que regulan en sus tres vertientes (Médico, Sanitario no facultativo y no Sanitario) aquel personal de la Seguridad Social distinto del personal funcionario y del personal laboral.

Así, se denominaba personal estatutario de la administración de la Seguridad Social aquel cuyo régimen jurídico venía contenido en los siguientes estatutos:

a) Estatuto Jurídico del Personal Médico de la Seguridad Social aprobado por Decreto 3160/1966, de 23 de diciembre, del Ministerio de Trabajo.

b) Estatuto del Personal Sanitario no Facultativo de las Instituciones de la Seguridad Social, aprobado por Orden de 26 de diciembre de 1973, del Ministerio de Trabajo.

c) Estatuto de Personal no Sanitario al servicio de las Instituciones Sanitarias de la Seguridad Social, aprobado por Orden de 5 de julio de 1971, del Ministerio de Trabajo.

Entre las características generales del personal Estatutario a las que se puede hacer referencia, una de las principales era aquella según la cual se consideraba a la relación estatutaria como una relación híbrida, entre funcionarial y laboral. Tenía semejanza con la relación funcionarial en cuanto se trataba de una relación jurídico-administrativa regida por normas estatutarias, es decir, por normas administrativas. Se acercaba a la relación laboral, en cuanto a que la resolución de los conflictos se atribuía a la jurisdicción social, propia del régimen laboral, frente a la jurisdicción contencioso-administrativa propia de la relación funcionarial.

El carácter híbrido de la relación estatutaria tenía su origen en el artículo 45 del texto vigente en ese momento de la Ley General de la Seguridad Social, que establecía que, sin perjuicio del carácter estatutario de dicha relación, la jurisdicción social sería la competente para conocer las cuestiones y controversias que se suscitaran entre las entidades gestoras de la Seguridad Social y su personal.

Otra peculiaridad del personal estatutario de la Seguridad Social la constituía la normativa que le era de aplicación:

a) El personal estatutario se regía en primer lugar por sus propias normas, es decir, por los Estatutos antes citados.

b) Por otro lado, la Ley 30/1984, de 2 de agosto, de medidas para la reforma de la Función Pública, si bien excluía a este personal de su campo de aplicación directo, establecía en su artículo 1.5 que la misma tenía carácter supletorio para todo el personal del servicio del Estado y de las Administraciones públicas no incluido en su ámbito de aplicación. Por tanto las disposiciones de la Ley 30/1984 se debían aplicar subsidiariamente al personal estatutario, siempre que no existiere norma específica en los Estatutos de cada uno de los tipos de personal estatutario citados.

c) Por último, si bien el personal estatutario de la Seguridad Social estaba excluido del Estatuto de los Trabajadores según su artículo 1.3.a), la doctrina del antiguo Tribunal Central de Trabajo indicaba que ante un vacío legal era posible acudir al Estatuto de los Trabajadores en relación con este personal. Es decir, que las normas del Estatuto de los Trabajadores podrían ser aplicables al personal estatutario en defecto de las dos anteriores.

Por lo que se refiere a la posterior evolución del personal estatutario en cuanto a su carácter y legislación aplicable, ya la citada Ley 30/1984 contenía en su disposición transitoria cuarta la previsión de que el personal Estatutario sería regulado por la legislación que al respecto se dictara. Dicha legislación se concretó en el artículo 84 de la Ley General de Sanidad de 25 de abril de 1986.

Este artículo establece que el personal Estatutario se regirá por el Estatuto Marco que el Gobierno debía aprobar en desarrollo de esta ley en el plazo de 6 meses.

Dicho Estatuto Marco debía contener la normativa básica aplicable en materia de clasificación, selección, provisión de puestos de trabajo, situaciones, derechos y deberes, régimen disciplinario, incompatibilidades y sistema retributivo.

El Estatuto Marco no se promulgó en el plazo establecido en la Ley General de Sanidad, si bien sí se fue publicando normativa básica en relación con la selección y provisión y el sistema retributivo, que despojaron en gran parte al personal Estatutario de ese carácter híbrido, acercándolo ostensiblemente a la relación funcionarial.

Así se promulgó el Real Decreto-Ley 3/1987, de 11 de septiembre, sobre retribuciones del personal Estatutario del Instituto Nacional de la Salud que fue una anticipación del régimen retributivo del personal estatutario del INSALUD, que posteriormente sería recogido por el futuro Estatuto Marco.

En materia de provisión y selección, y tras el Real Decreto 118/1991, de 25 de enero, que finalmente fue fallido al ser declarado inconstitucional, se promulgó el Real Decreto-Ley 1/1999, de 8 de enero, sobre selección del personal estatutario y provisión de plazas en las Instituciones Sanitarias de la Seguridad Social y la Ley 30/1999, de 5 de octubre, de provisión y selección de plazas de personal estatutario de los Servicios de Salud, que será derogada por el Estatuto Marco.

Es el 17 de diciembre de 2003 cuando se publicó en el BOE la Ley 55/2003, de 16 de diciembre, del Estatuto Marco de Personal Estatutario de los Servicios de Salud.

Su artículo 1 dispone que tiene por objeto establecer las bases reguladoras de la relación funcionarial especial del personal estatutario de los servicios de salud que conforman al Sistema Nacional de Salud.

Como se ve, en esta ley ya se califica al personal estatutario como relación funcionarial especial, la cual conlleva que el mismo deje de tener definitivamente el carácter de híbrido entre el laboral y el funcionarial, para ser a todos los efectos una relación funcionarial, siquiera sea de carácter especial.

Este cambio en la concepción del personal estatutario conllevó que a partir de ese momento los conflictos entre los servicios de salud y su personal se iban a dirimir por la jurisdicción contencioso-administrativa, desapareciendo con ello la única circunstancia que aún lo podía asemejar al personal laboral.

Con anterioridad a la promulgación del Estatuto Marco, en el año 2002 se produjeron las transferencias de sanidad a aquellas comunidades autónomas que aún no tenían asumidas las competencias en materia de sanidad, desapareciendo por ello el INSALUD, al ser asumidas sus competencias por cada uno de los servicios de salud de las comunidades autónomas, quedando completado así el Mapa del Sistema Nacional de Salud. Por ello, la citada Ley 55/2003, teniendo en cuenta el Estado Autonómico y la estructuración del Sistema Nacional de Salud en 17 Servicios de Salud, dispone en su artículo 2, referido al campo de aplicación, que es aplicable al personal estatutario que desempeñe su función en los centros e instituciones sanitarios de los servicios de salud de la comunidades autónomas, pasando por tanto de ser personal estatutario de las instituciones sanitarias de la Seguridad Social (el INSALUD era una Entidad Gestora de la Seguridad Social), a ser personal estatutario de los Servicios de Salud del Sistema Nacional de Salud.

Finalmente, el 13 de abril de 2007, se publicó en el BOE la Ley 7/2007, de 12 de abril, del Estatuto Básico del Empleado Público (hoy derogado). El mismo incluye al personal estatutario en su ámbito de aplicación, al disponer en su artículo 2.3 que el personal docente y el personal estatutario de los servicios de salud se regirán por la legislación específica dictada por el Estado y por las comunidades autónomas en el ámbito de sus respectivas competencias y por lo previsto en el presente estatuto, excepto el Capítulo II del Título III, salvo el artículo 20, y los artículos 22.3, 24 y 84.

Por tanto, las principales normas vigentes por las que se rige actualmente esta materia a nivel estatal son:

- R.D. Legislativo 5/2015 de 30 de octubre, por el que se prueba el Texto Refundido de la Ley del Estatuto Básico del Empleado Público.
- Ley 55/2003, de 16 de diciembre, del Estatuto Marco de Personal Estatutario de los Servicios de Salud.

Todo ello, teniendo en cuenta lo dispuesto en la Disposición derogatoria única de la Ley 55/2003 en relación con la Disposición transitoria sexta, relativa a la aplicación paulatina de la misma.

1.1. Objeto y ámbito de aplicación

La Ley General de Sanidad, en su artículo 84, estableció que un estatuto marco regularía la normativa básica aplicable al personal estatutario en todos los servicios de salud, normas básicas específicas y diferenciadas de las generales de los funcionarios públicos.

El Estatuto Marco del personal estatutario de los servicios de salud es la norma que establece las bases reguladoras de la relación funcionarial especial del personal estatutario de los servicios de salud que conforman el Sistema Nacional de Salud.

La conveniencia de una normativa propia para este personal deriva de la necesidad de que su régimen jurídico se adapte a las específicas características del ejercicio de las profesiones sanitarias y del servicio sanitario-asistencial, así como a las peculiaridades organizativas del Sistema Nacional de Salud.

El vigente Estatuto Marco del personal estatutario de los servicios de salud fue aprobado por la Ley 55/2003, de 16 de diciembre.

La Ley 55/2003 tiene por **objeto** establecer las bases reguladoras de la relación funcionarial especial del Personal Estatutario de los servicios de salud que conforman el Sistema Nacional de Salud, a través del Estatuto Marco del Personal Estatutario (art. 1 de la Ley 55/2003).

La Ley 55/2003 será de **aplicación**:

a) Al Personal Estatutario que desempeña su función en los centros e instituciones sanitarias de los servicios de salud de las Comunidades Autónomas o en los centros y servicios sanitarios de la Administración General del Estado (art. 2.1. de la Ley 55/2003).

b) Al personal sanitario funcionario y al personal sanitario laboral que preste servicios en los centros del Sistema Nacional de Salud gestionados directamente por entidades creadas por las distintas Comunidades Autónomas para acoger los medios y recursos humanos y materiales procedentes de los procesos de transferencias del antiguo Insalud, en todo aquello que *no se oponga a su normativa específica de aplicación* y siempre que *así lo prevean las disposiciones aplicables* al personal funcionario o los *convenios colectivos* aplicables al personal laboral de cada Comunidad Autónoma (art. 2.3. de la Ley 55/2003).

Asimismo, los servicios de salud podrán establecer la aplicación del régimen estatutario previsto en la Ley 55/2003 a: las estructuras administrativas y de gestión del servicio de salud respectivo (disposición adicional décima de la Ley 55/2003).

Por otra parte, las disposiciones de la Ley 55/2003 serán aplicables al Personal Estatutario del Instituto Social de la Marina (disposición adicional undécima de la Ley 55/2003).

Además, siempre que la Ley 55/2003 efectúe referencias a los servicios de salud se consideran incluidos los siguientes órganos:

- El órgano o la entidad gestora de los servicios sanitarios de la Administración General del Estado (Instituto Nacional de Gestión Sanitaria –INGESA–; Instituto Nacional de la Seguridad Social –INSS–; Instituto de Mayores y Servicios Sociales –IMSERSO–; Instituto Social de la Marina –ISM–).

Instituto Nacional de Gestión Sanitaria

- El órgano competente de la Comunidad Autónoma cuando su correspondiente servicio de salud no sea el titular directo de la gestión de determinados centros o instituciones (disposición adicional octava de la Ley 55/2003).

Sin embargo, el personal militar que preste sus servicios en los centros, establecimientos y servicios sanitarios integrados en la Red sanitaria militar se regirá por su normativa específica, sin que le sean de aplicación las disposiciones de la Ley 55/2003. El Ministerio de Defensa podrá acordar con el Ministerio competente en materia de sanidad los requisitos y procedimientos para posibilitar la utilización recíproca de la información contenida en los registros de personal correspondientes a los centros y servicios sanitarios del Sistema Nacional de Salud y de la Red sanitaria militar (disposición adicional decimotercera de la Ley 55/2003).

 Recuerda que...

El personal estatutario de los Servicios de Salud se regirá por la legislación específica dictada por el Estado (fundamentalmente la Ley 55/2003) y por las comunidades autónomas en el ámbito de sus respectivas competencias y por lo previsto en el Estatuto Básico del Empleado Público (Real Decreto Legislativo 5/2015, de 30 de octubre), excepto el capítulo II del título III (salvo el artículo 20), y los artículos 22.3, 24 y 84.

1.2. Estructura

La Ley 55/2003 se estructura del siguiente modo:

– *EXPOSICIÓN DE MOTIVOS*
– *CAPÍTULO I. Normas generales* (arts. 1 a 4).
– *CAPÍTULO II. Clasificación del personal estatutario* (arts. 5 a 9).
– *CAPÍTULO III. Planificación y ordenación del personal* (arts. 10 a 16).
– *CAPÍTULO IV. Derechos y deberes* (arts. 17 a 19).
– *CAPÍTULO V. Adquisición y pérdida de la condición de personal estatutario fijo* (arts. 20 a 28).
– *CAPÍTULO VI. Provisión de plazas, selección y promoción interna* (arts. 29 a 35).
– *CAPÍTULO VII. Movilidad del personal* (arts. 36 a 39).
– *CAPÍTULO VIII. Carrera profesional* (art. 40).
– *CAPÍTULO IX. Retribuciones* (arts. 41 a 45).
– *CAPÍTULO X. Jornada de trabajo, permisos y licencias* (arts. 46 a 61).
  * *Sección 1. Tiempo de trabajo y régimen de descansos*
  * *Sección 2. Jornadas parciales, fiestas y permisos*
– *CAPÍTULO XI. Situaciones del personal estatutario* (arts. 62 a 69).
– *CAPÍTULO XII. Régimen disciplinario* (arts. 70 a 75).
– *CAPÍTULO XIII. Incompatibilidades* (arts. 76 y 77).

- CAPÍTULO XIV. Representación, participación y negociación colectiva (arts. 78 a 80).
- 17 DISPOSICIONES ADICIONALES
- 8 DISPOSICIONES TRANSITORIAS
- 1 DISPOSICIÓN DEROGATORIA
- 3 DISPOSICIONES FINALES

 Actividad 1

Une mediante flechas cada capítulo de la Ley 55/2003 con su correspondiente enunciado:

Cap. I	– Adquisición y pérdida de la condición de personal estatutario fijo
Cap. II	
Cap. III	– Carrera profesional
Cap. IV	– Clasificación del personal estatutario
Cap. V	– Derechos y deberes
Cap. VI	– Incompatibilidades
Cap. VII	
Cap. VIII	– Jornada de trabajo, permisos y licencias
Cap. IX	– Movilidad del personal
Cap. X	– Normas generales
Cap. XI	– Planificación y ordenación del personal
Cap. XII	– Provisión de plazas, selección y promoción interna
Cap. XIII	
Cap. XIV	– Régimen disciplinario

1.3. Principios y criterios de ordenación del régimen estatutario

La ordenación del régimen del personal estatutario de los servicios de salud se rige por los siguientes principios y criterios establecidos por el artículo 4 de la Ley 55/2003:

a) Sometimiento pleno a la ley y el derecho.

b) Igualdad, mérito, capacidad y publicidad en el acceso a la condición de personal estatutario.

c) Estabilidad en el empleo y en el mantenimiento de la condición de personal estatutario fijo.

d) Libre circulación del personal estatutario en el conjunto del Sistema Nacional de Salud.

e) Responsabilidad en el ejercicio profesional y objetividad como garantías de la competencia e imparcialidad en el desempeño de las funciones.

f) Planificación eficiente de las necesidades de recursos y programación periódica de las convocatorias.

g) Integración en el régimen organizativo y funcional del servicio de salud y de sus centros e instituciones.

h) Incorporación de los valores de integridad, neutralidad, transparencia en la gestión, deontología y servicio al interés público y a los ciudadanos, tanto en la actuación profesional como en las relaciones con los usuarios.

i) Dedicación prioritaria al servicio público y transparencia de los intereses y actividades privadas como garantía de dicha preferencia.

j) Coordinación, cooperación y mutua información entre las Administraciones sanitarias públicas.

k) Participación de las organizaciones sindicales en la determinación de las condiciones de trabajo, a través de la negociación en las mesas correspondientes.

2. Clasificación del personal estatutario

Según el artículo 5 del Estatuto Marco, el personal estatutario de los servicios de salud se clasifica:

- atendiendo a la función desarrollada,

- atendiendo al nivel del título exigido para el ingreso, y

- atendiendo al tipo de su nombramiento.

I) Atendiendo a la función desarrollada.

El Estatuto Marco distingue entre:

- **Personal estatutario sanitario**; el que ostenta esta condición en virtud de nombramiento expedido para el ejercicio de una profesión o especialidad sanitaria.

- **Personal estatutario de gestión y servicios**; quien ostenta tal condición en virtud de nombramiento expedido para el desempeño de funciones de gestión o para el desarrollo de profesiones u oficios que no tengan carácter sanitario.

II) Atendiendo al nivel académico del título exigido para el ingreso:

A) El personal estatutario sanitario se clasifica de la siguiente forma:

a) ***Personal de formación universitaria***: quienes ostentan la condición de personal estatutario en virtud de nombramiento expedido para el ejercicio de una profesión sanitaria que exija una concreta titulación de carácter universitario, o un título de tal carácter acompañado de un título de especialista.

Este personal se divide en:

1.º Licenciados con título de especialista en Ciencias de la Salud.

2.º Licenciados sanitarios.

3.º Diplomados con título de Especialista en Ciencias de la Salud.

4.º Diplomados sanitarios.

b) ***Personal de formación profesional***: quienes ostenten la condición de personal estatutario en virtud de nombramiento expedido para el ejercicio de profesiones o actividades profesionales sanitarias, cuando se exija una concreta titulación de formación profesional.

Este personal se divide en:

1.º Técnicos superiores.

2.º Técnicos.

B) La clasificación del personal estatutario de gestión y servicios se efectúa, en función del título exigido para el ingreso, de la siguiente forma:

a) ***Personal de formación universitaria***. Atendiendo al nivel del título requerido, este personal se divide en:

1.º Licenciados universitarios o personal con título equivalente.

2.º Diplomados universitarios o personal con título equivalente.

b) ***Personal de formación profesional***. Atendiendo al nivel del título requerido, este personal se divide en:

1.º Técnicos superiores o personal con título equivalente.

2.º Técnicos o personal con título equivalente.

c) ***Otro personal***: categorías en las que se exige certificación acreditativa de los años cursados y de las calificaciones obtenidas en la Educación Secundaria Obligatoria, o título o certificado equivalente.

III) Atendiendo al tipo de su nombramiento

El personal estatutario puede ser:

A) ***Personal estatutario fijo***; el que, una vez superado el correspondiente proceso selectivo, obtiene un nombramiento para el desempeño con carácter permanente de las funciones que de tal nombramiento se deriven.

B) ***Personal estatutario temporal***. Conforme al artículo 9.1 del Estatuto Marco (*en redacción dada por el Real Decreto-ley 12/2022, de 5 de julio, por el que se modifica la Ley 55/2003, de 16 de diciembre, del Estatuto Marco del personal estatutario de los servicios de salud*) los nombramientos de personal estatutario temporal serán de interinidad.

Son **estatutarios interinos** los que, por razones expresamente justificadas de necesidad y urgencia, son nombrados como tales con carácter temporal para el desempeño de funciones propias de estatutarios en los siguientes supuestos y condiciones:

a) Existencia de plaza vacante, cuando no sea posible su cobertura por personal estatutario fijo, durante un plazo máximo de tres años.

b) Ejecución de programas de carácter temporal, que deberán especificar sus fechas de inicio y finalización y no podrán tener una duración superior a tres años. Los programas objeto de nombramiento no pueden ser de una naturaleza tal que suponga la ejecución de tareas o la cobertura de necesidades permanentes, habituales de duración indefinida de la actividad propia de los servicios de salud.

c) Exceso o acumulación de tareas, detallándose las mismas, concretando la fecha del inicio y fin del nombramiento, por un plazo máximo de nueve meses, dentro de un período de dieciocho meses.

En los casos contemplados en los párrafos b) y c), cumplidos los plazos y condiciones que en ellos se plantean y en caso de que fuese necesaria la realización de nuevos nombramientos, se tramitará la creación de una plaza estructural en la plantilla del centro. En aquellos servicios o unidades en que se efectúe este tipo de nombramientos y no se cree una nueva plaza superados los plazos establecidos en cada caso, no podrá hacerse un nuevo nombramiento por la misma causa en un periodo de dos años.

Se acordará la finalización de la relación estatutaria temporal por las siguientes causas, además de por las previstas en el artículo 21 del EM (causas de extinción de la condición de personal estatutario fijo), sin derecho a compensación por este motivo:

– Por la cobertura de la plaza que se desempeñe por personal estatutario fijo a través de cualquiera de los procedimientos legalmente establecidos.

– Por razones de carácter organizativo que den lugar a la supresión o amortización de la plaza o puesto ocupado.

– Por la finalización del plazo establecido y recogido expresamente en el nombramiento.

– Por la finalización de la causa que originó el nombramiento.

En el supuesto previsto en la letra a), las plazas vacantes desempeñadas por personal estatutario interino deberán ser objeto de cobertura mediante cualquiera de los mecanismos de provisión o movilidad previstos en la normativa de cada Administración sanitaria.

No obstante, transcurridos tres años desde el nombramiento del personal estatutario interino se producirá el fin de la relación de interinidad y la vacante solo podrá ser ocupada por personal estatutario fijo, salvo que en el correspondiente proceso selectivo no se haya cubierto la plaza en cuestión, en cuyo caso se podrá efectuar otro nombramiento de personal estatutario interino.

Excepcionalmente, el personal estatutario interino podrá permanecer en la plaza que ocupe temporalmente, siempre que se haya publicado la correspondiente convocatoria dentro del plazo de los tres años, a contar desde la fecha del nombramiento del personal estatutario interino. En este supuesto podrá permanecer hasta la resolución de la convocatoria, sin que su cese dé lugar a compensación económica.

C) *Personal estatutario sustituto*; se podrá nombrar personal estatutario sustituto para el desempeño de funciones propias de personal estatutario en los siguientes supuestos y condiciones:

a) Sustitución, que se expedirá, cuando resulte necesario para atender las funciones de personal fijo o temporal, durante los periodos de vacaciones, permisos, dispensas y demás ausencias de carácter temporal que comporten la reserva de plaza.

b) Sustitución parcial para garantizar la prestación asistencial en los centros e instituciones sanitarias, durante un plazo máximo de tres años, identificando la causa que lo origina, siendo un nombramiento vinculado a la cobertura de exención de guardias, por razón de edad, o enfermedad, pudiendo sustituir hasta dos personas siempre que con la plantilla disponible no fuese posible cubrir esta contingencia y respetando los límites legales de la jornada, en concreto los referidos en los artículos 48.2 y 49.

c) Reducción de la jornada ordinaria de personal estatutario, identificando a la persona o personas concretas a quien se complementa la jornada, durante todo el período correspondiente y en la modalidad que motiva la reducción.

Se acordará la finalización de la relación estatutaria temporal de sustitución por las siguientes causas, además de por las previstas en el artículo 21, sin derecho a compensación por este motivo:

– Por la finalización del plazo establecido y recogido expresamente en el nombramiento.

– Por la finalización de la causa que originó el nombramiento.

Al personal definido en las letras B) y C) le será aplicable el régimen general del personal estatutario fijo en cuanto sea adecuado a la naturaleza de su condición temporal y al carácter de su nombramiento, salvo aquellos derechos inherentes a la condición de personal estatutario fijo.

Todas las menciones que hace el Estatuto Marco al personal temporal son extensibles tanto a las situaciones descritas en la letra B) como en la C).

Conforme al artículo 9 quater, añadido por el citado Real Decreto-ley 12/2022, las administraciones sanitarias serán responsables del cumplimiento de las previsiones contenidas en dicha norma y, en especial, velarán por evitar cualquier tipo de irregularidad en el nombramiento del personal estatutario temporal y sustituto.

Asimismo, las administraciones sanitarias promoverán, en sus ámbitos respectivos, el desarrollo de criterios de actuación que permitan asegurar el cumplimiento de las medidas de limitación de la temporalidad de su personal, así como una actuación coordinada de los distintos órganos con competencia en materia de personal. No obstante, desde la Comisión de Recursos Humanos del Sistema Nacional de Salud se establecerá un seguimiento de estas actuaciones.

Las actuaciones irregulares en materia de nombramiento de personal estatutario temporal y sustituto darán lugar a la exigencia de las responsabilidades que procedan de conformidad con la normativa vigente en cada una de las administraciones públicas.

Todo acto, pacto, acuerdo o disposición reglamentaria, así como las medidas que se adopten en su cumplimiento o desarrollo, cuyo contenido directa o indirectamente suponga el incumplimiento por parte de la comunidad autónoma o del Estado de los plazos máximos de permanencia como personal estatutario temporal será nulo de pleno derecho.

El incumplimiento del plazo máximo de permanencia dará lugar a una compensación económica para el personal estatutario temporal afectado, que será equivalente a veinte días de sus retribuciones fijas por año de servicio, en virtud de la normativa específica que le sea de aplicación, prorrateándose por meses los períodos de tiempo inferiores a un año, hasta un máximo de doce mensualidades.

El derecho a esta compensación nacerá a partir de la fecha del cese efectivo y la cuantía estará referida exclusivamente al nombramiento del que traiga causa el incumplimiento. No habrá derecho a la compensación descrita en caso de que la finalización de la relación de servicio sea por causas disciplinarias o por renuncia voluntaria.

Nota: *Fijándonos en el apartado II, en tanto se mantenga la clasificación general de los funcionarios públicos y los criterios de equivalencia de las titulaciones establecidos en el artículo 25 de la Ley 30/1984, de 2 de agosto, de Medidas para la Reforma de la Función Pública, el personal estatutario, a efectos retributivos y funcionales, tendrá la siguiente equiparación:*

a) *El personal a que se refiere el epígrafe A).a) 1.º y 2.º, al grupo A.*

b) *El personal a que se refiere el epígrafe A).a). 3.º y 4.º, al grupo B.*

c) *El personal a que se refiere el epígrafe A).b). 1.º, al grupo C.*

d) *El personal a que se refiere el epígrafe A.b). 2.º, al grupo D.*

e) *El personal a que se refiere el epígrafe B.a). 1.º, a). 2.º, b). 1.º, b). 2.º y c), a los grupos A, B, C, D y E, respectivamente.*

 Actividad 2

Indica si la siguiente cuestión es verdadera o falsa:

Atendiendo a la función desarrollada, el Estatuto Marco distingue las siguientes clases de personal:

– **Personal médico.**

– **Personal enfermero.**

– **Personal administrativo.**

Verdadera ☐   Falsa ☐

---

3. Derechos y deberes

3.1. Derechos individuales

El personal estatutario de los servicios de salud ostenta los siguientes derechos (art.17):

a) A la estabilidad en el empleo y al ejercicio o desempeño efectivo de la profesión o funciones que correspondan a su nombramiento.

b) A la percepción puntual de las retribuciones e indemnizaciones por razón del servicio en cada caso establecidas.

c) A la formación continuada adecuada a la función desempeñada y al reconocimiento de su cualificación profesional en relación a dichas funciones.

d) A recibir protección eficaz en materia de seguridad y salud en el trabajo, así como sobre riesgos generales en el centro sanitario o derivados del trabajo habitual, y a la información y formación específica en esta materia conforme a lo dispuesto en la Ley 31/1995, de 8 de noviembre, de Prevención de Riesgos Laborales.

e) A la movilidad voluntaria, promoción interna y desarrollo profesional, en la forma en que prevean las disposiciones en cada caso aplicables.

f) A que sea respetada su dignidad e intimidad personal en el trabajo y a ser tratado con corrección, consideración y respeto por sus jefes y superiores, sus compañeros y sus subordinados.

g) Al descanso necesario, mediante la limitación de la jornada, las vacaciones periódicas retribuidas y permisos en los términos que se establezcan.

h) A recibir asistencia y protección de las Administraciones públicas y servicios de salud en el ejercicio de su profesión o en el desempeño de sus funciones.

i) Al encuadramiento en el Régimen General de la Seguridad Social, con los derechos y obligaciones que de ello se derivan.

j) A ser informado de las funciones, tareas, cometidos, programación funcional y objetivos asignados a su unidad, centro o institución, y de los sistemas establecidos para la evaluación del cumplimiento de los mismos.

k) A la no discriminación por razón de nacimiento, raza, sexo, religión, opinión, orientación e identidad sexual, expresión de género, características sexuales o cualquier otra condición o circunstancia personal o social.

l) A la jubilación en los términos y condiciones establecidas en las normas en cada caso aplicables.

m) A la acción social en los términos y ámbitos subjetivos que se determinen en las normas, acuerdos o convenios aplicables.

Este régimen de derechos será aplicable al personal temporal, en la medida en que la naturaleza del derecho lo permita.

Actividad 3

A continuación se citan algunos de los derechos individuales del personal estatutario de los servicios de salud. Debe completar cada frase, utilizando los restos de frase que se ofrecen, de modo que resulten enunciados del mismo modo que los enuncia la Ley 55/2003.

- A la estabilidad en el empleo y al ejercicio o desempeño efectivo de la profesión o funciones …

- A la percepción puntual de las retribuciones e indemnizaciones por razón del servicio …

- A la movilidad voluntaria, promoción interna y desarrollo profesional, …

- Al descanso necesario, mediante la limitación de la jornada, las vacaciones periódicas retribuidas y permisos …

- A recibir asistencia y protección de las Administraciones públicas y servicios de salud …

- Al encuadramiento en el Régimen General de la Seguridad Social .…

- A la jubilación ……

- A la acción social …

… con los derechos y obligaciones que de ello se derivan.

… en cada caso establecidas.

… en el ejercicio de su profesión o en el desempeño de sus funciones.

… en la forma en que prevean las disposiciones en cada caso aplicables.

… en los términos que se establezcan.

… en los términos y ámbitos subjetivos que se determinen en las normas, acuerdos o convenios aplicables.

… en los términos y condiciones establecidas en las normas en cada caso aplicables.

… que correspondan a su nombramiento.

3.2. Derechos colectivos

El personal estatutario ostenta, en los términos establecidos en la Constitución y en la legislación específicamente aplicable, los siguientes derechos colectivos enumerados en el artículo 18 de la Ley 55/2003:

a) A la libre sindicación.

b) A la actividad sindical.

c) A la huelga, garantizándose en todo caso el mantenimiento de los servicios que resulten esenciales para la atención sanitaria a la población.

d) A la negociación colectiva, representación y participación en la determinación de las condiciones de trabajo.

e) A la reunión.

f) A disponer de servicios de prevención y de órganos representativos en materia de seguridad laboral.

3.3. Deberes

El personal estatutario de los servicios de salud viene obligado a (art.19):

a) Respetar la Constitución, el Estatuto de Autonomía correspondiente y el resto del ordenamiento jurídico.

 Sabías que...

Por un lado, **jurar** significa que se pone a un testigo para asegurar el cumplimiento de un compromiso y la búsqueda de la verdad. Generalmente se suele jurar por un poder divino, humano o institucional, como la Biblia o la Constitución en el caso de los ministros españoles. Por otro lado, **prometer** implica adquirir un compromiso personal, sin poner a nada, ni nadie de testigo.

b) Ejercer la profesión o desarrollar el conjunto de las funciones que correspondan a su nombramiento, plaza o puesto de trabajo con lealtad, eficacia y con observancia de los principios técnicos, científicos, éticos y deontológicos que sean aplicables.

c) Mantener debidamente actualizados los conocimientos y aptitudes necesarios para el correcto ejercicio de la profesión o para el desarrollo de las funciones que correspondan a su nombramiento, a cuyo fin los centros sanitarios facilitarán el desarrollo de actividades de formación continuada.

d) Cumplir con diligencia las instrucciones recibidas de sus superiores jerárquicos en relación con las funciones propias de su nombramiento, y colaborar leal y activamente en el trabajo en equipo.

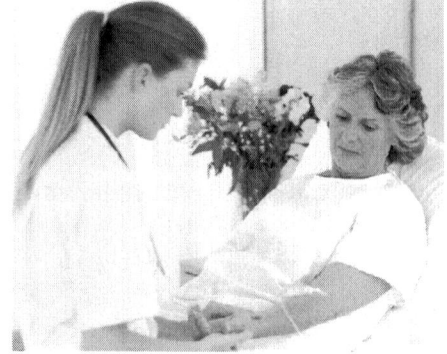

e) Participar y colaborar eficazmente, en el nivel que corresponda en función de su categoría profesional, en la fijación y consecución de los objetivos cuantitativos y cualitativos asignados a la institución, centro o unidad en la que preste servicios.

f) Prestar colaboración profesional cuando así sea requerido por las autoridades como consecuencia de la adopción de medidas especiales por razones de urgencia o necesidad.

g) Cumplir el régimen de horarios y jornada, atendiendo a la cobertura de las jornadas complementarias que se hayan establecido para garantizar de forma permanente el funcionamiento de las instituciones, centros y servicios.

h) Informar debidamente, de acuerdo con las normas y procedimientos aplicables en cada caso y dentro del ámbito de sus competencias, a los usuarios y pacientes sobre su proceso asistencial y sobre los servicios disponibles.

i) Respetar la dignidad e intimidad personal de los usuarios de los servicios de salud, su libre disposición en las decisiones que le conciernen y el resto de los derechos que les reconocen las disposiciones aplicables, así como a no realizar discriminación alguna por motivos de nacimiento, raza, sexo, religión, opinión o cualquier otra circunstancia personal o social, incluyendo la condición en virtud de la cual los usuarios de los centros e instituciones sanitarias accedan a los mismos.

j) Mantener la debida reserva y confidencialidad de la información y documentación relativa a los centros sanitarios y a los usuarios obtenida, o a la que tenga acceso, en el ejercicio de sus funciones.

k) Utilizar los medios, instrumental e instalaciones de los servicios de salud en beneficio del paciente, con criterios de eficiencia, y evitar su uso ilegítimo en beneficio propio o de terceras personas.

l) Cumplimentar los registros, informes y demás documentación clínica o administrativa establecidos en la correspondiente institución, centro o servicio de salud.

m) Cumplir las normas relativas a la seguridad y salud en el trabajo, así como las disposiciones adoptadas en el centro sanitario en relación con esta materia.

n) Cumplir el régimen sobre incompatibilidades.

o) Ser identificados por su nombre y categoría profesional por los usuarios del Sistema Nacional de Salud.

 Actividad 4

Conforme a la Ley 55/2003, respecto a la Constitución, el Estatuto de Autonomía correspondiente y el resto del ordenamiento jurídico, el personal estatutario de los servicios de salud tiene el deber de:

PROTEGER / RESPETAR/ JURAR/ VIGILAR/ PROCURAR/ PROMETER/ COMPRENDER/ SABER/ DEFENDER

4. Adquisición y pérdida de la condición de personal estatutario fijo

4.1. Adquisición de la condición de personal estatutario fijo

La condición de personal estatutario fijo **se adquiere** por el cumplimiento sucesivo de los siguientes requisitos:

a) Superación de las pruebas de selección.

b) Nombramiento conferido por el órgano competente (no podrán ser nombrados, y quedarán sin efecto sus actuaciones, quienes no acrediten, una vez superado el proceso selectivo, que reúnen los requisitos y condiciones exigidos en la convocatoria).

c) Incorporación, previo cumplimiento de los requisitos formales en cada caso establecidos, a una plaza del servicio, institución o centro que corresponda en el plazo determinado en la convocatoria.

La falta de incorporación al servicio, institución o centro dentro del plazo, cuando sea imputable al interesado y no obedezca a causas justificadas, producirá el decaimiento de su derecho a obtener la condición de personal estatutario fijo como consecuencia de ese concreto proceso selectivo.

4.2. Pérdida de la condición de personal estatutario fijo

Son causas de **extinción** de la condición de personal estatutario fijo:

− La renuncia.

− La pérdida de la nacionalidad tomada en consideración para el nombramiento.

− La sanción disciplinaria firme de separación del servicio.

− La pena principal o accesoria de inhabilitación absoluta y, en su caso, la especial para empleo o cargo público o para el ejercicio de la correspondiente profesión.

− La jubilación.

− La incapacidad permanente.

a) La **renuncia** a la condición de personal estatutario tiene el carácter de acto voluntario y deberá ser solicitada por el interesado con una antelación mínima de 15 días a la fecha en que se desee hacer efectiva.

La renuncia será aceptada en dicho plazo, salvo que el interesado esté sujeto a expediente disciplinario o haya sido dictado contra él auto de procesamiento o de apertura de juicio oral por la presunta comisión de un delito en el ejercicio de sus funciones.

La renuncia a la condición de personal estatutario no inhabilita para obtener nuevamente dicha condición a través de los procedimientos de selección establecidos.

b) La **pérdida de la nacionalidad** española, o de la de otro Estado tomada en consideración para el nombramiento, determina la pérdida de la condición de personal estatutario, salvo que simultáneamente se adquiera la nacionalidad de otro Estado que otorgue el derecho a acceder a tal condición.

c) La sanción disciplinaria de **separación del servicio**, cuando adquiera carácter firme, supone la pérdida de la condición de personal estatutario.

d) La **pena de inhabilitación absoluta**, cuando hubiera adquirido firmeza, produce la pérdida de la condición de personal estatutario. Igual efecto tendrá la pena de inhabilitación especial para empleo o cargo público si afecta al correspondiente nombramiento. Supondrá la pérdida de la condición de personal estatutario la pena de inhabilitación especial para la correspondiente profesión, siempre que ésta exceda de seis años.

e) La **jubilación** puede ser forzosa o voluntaria.

La jubilación forzosa se declarará al cumplir el interesado la edad de 65 años.

No obstante, el interesado podrá solicitar voluntariamente prolongar su permanencia en servicio activo hasta cumplir, como máximo, los 70 años de edad, siempre que quede acreditado que reúne la capacidad funcional necesaria para ejercer la profesión o desarrollar las actividades correspondientes a su nombramiento. Esta prolongación deberá ser autorizada por el servicio de salud correspondiente, en función de las necesidades de la organización articuladas en el marco de los planes de ordenación de recursos humanos.

Procederá la prórroga en el servicio activo, a instancia del interesado, cuando, en el momento de cumplir la edad de jubilación forzosa, le resten seis años o menos de cotización para causar pensión de jubilación. Esta prórroga no podrá prolongarse más allá del día en el que el interesado complete el tiempo de cotización necesario para causar pensión de jubilación, sea cual sea el importe de la misma, y su concesión estará supeditada a que quede acreditado que reúne la capacidad funcional necesaria para ejercer la profesión o desarrollar las actividades correspondientes a su nombramiento.

 Actividad 5

Procederá la prórroga en el servicio activo, a instancia del interesado, cuando, en el momento de cumplir la edad de jubilación forzosa, le resten de cotización para causar pensión de jubilación:

☐ a) 4 años o menos.

☐ b) 5 años o menos.

☐ c) 6 años o menos.

☐ d) 7 años o menos.

Podrá optar a la jubilación voluntaria, total o parcial, el personal estatutario que reúna los requisitos establecidos en la legislación de Seguridad Social. Los órganos competentes de las comunidades autónomas podrán establecer mecanismos para el personal estatutario que se acoja a esta jubilación como consecuencia de un plan de ordenación de recursos humanos.

f) La **incapacidad permanente**, cuando sea declarada en sus grados de incapacidad permanente total para la profesión habitual, absoluta para todo trabajo o gran invalidez conforme a las normas reguladoras del Régimen General de la Seguridad Social, produce la pérdida de la condición de personal estatutario.

 Recuerda que...

Los funcionarios se vinculan a la Administración Pública por una relación estatutaria.

4.3. Recuperación de la condición de personal estatutario fijo

En el caso de pérdida de la condición de personal estatutario como consecuencia de pérdida de la nacionalidad, el interesado podrá recuperar dicha condición si acredita la desaparición de la causa que la motivó.

Procederá también la recuperación de la condición de personal estatutario cuando se hubiera perdido como consecuencia de incapacidad, si ésta es revisada conforme a las normas reguladoras del Régimen General de la Seguridad Social.

Si la revisión se produce dentro de los dos años siguientes a la fecha de la declaración de incapacidad, el interesado tendrá derecho a incorporarse a plaza de la misma categoría y área de salud en que prestaba sus servicios.

La recuperación de la condición de personal estatutario, salvo en el caso previsto en el párrafo anterior, supondrá la simultánea declaración del interesado en la situación de excedencia voluntaria. El interesado podrá reincorporarse al servicio activo a través de los procedimientos previstos en el artículo 69 de la Ley 55/2003 que trataremos más adelante, sin que sea exigible tiempo mínimo de permanencia en la situación de excedencia voluntaria.

Solución a las actividades

Actividad 1.

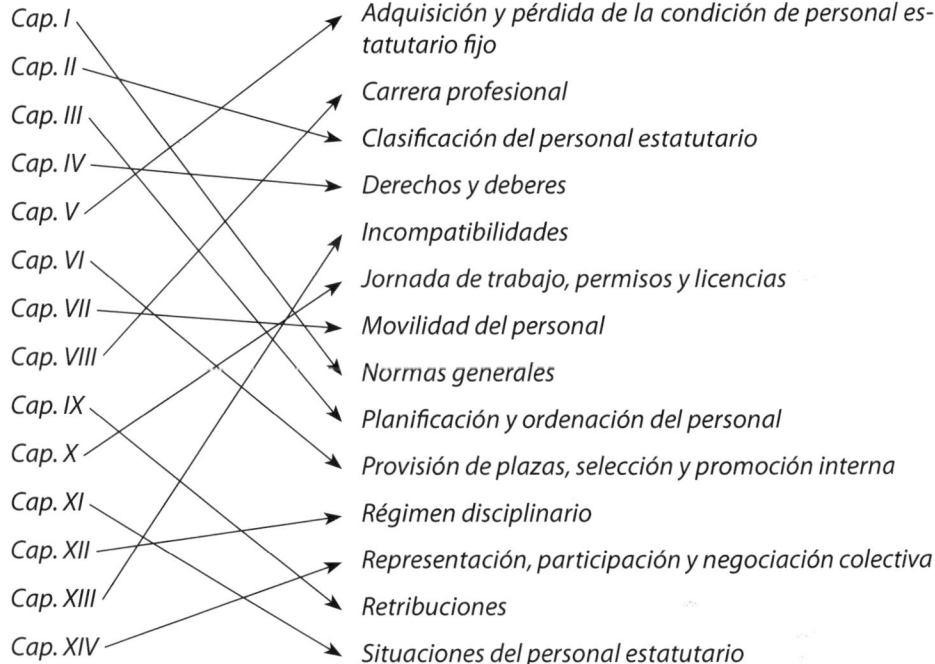

Cap. I — Adquisición y pérdida de la condición de personal estatutario fijo

Cap. II — Carrera profesional

Cap. III — Clasificación del personal estatutario

Cap. IV — Derechos y deberes

Cap. V — Incompatibilidades

Cap. VI — Jornada de trabajo, permisos y licencias

Cap. VII — Movilidad del personal

Cap. VIII — Normas generales

Cap. IX — Planificación y ordenación del personal

Cap. X — Provisión de plazas, selección y promoción interna

Cap. XI — Régimen disciplinario

Cap. XII — Representación, participación y negociación colectiva

Cap. XIII — Retribuciones

Cap. XIV — Situaciones del personal estatutario

Actividad 2.

Falso.

Actividad 3.

- A la estabilidad en el empleo y al ejercicio o desempeño efectivo de la profesión o funciones que correspondan a su nombramiento.

- A la percepción puntual de las retribuciones e indemnizaciones por razón del servicio en cada caso establecidas.

- A la movilidad voluntaria, promoción interna y desarrollo profesional, en la forma en que prevean las disposiciones en cada caso aplicables.

- Al descanso necesario, mediante la limitación de la jornada, las vacaciones periódicas retribuidas y permisos en los términos que se establezcan.

- A recibir asistencia y protección de las Administraciones públicas y servicios de salud en el ejercicio de su profesión o en el desempeño de sus funciones.

- Al encuadramiento en el Régimen General de la Seguridad Social, con los derechos y obligaciones que de ello se derivan.

- A la jubilación en los términos y condiciones establecidas en las normas en cada caso aplicables.

- A la acción social en los términos y ámbitos subjetivos que se determinen en las normas, acuerdos o convenios aplicables.

Actividad 4.

RESPETAR.

Actividad 5.

☐ a) 4 años o menos.

☐ b) 5 años o menos.

☑ c) 6 años o menos.

☐ d) 7 años o menos.

TEMA 4

Ley de Salud de Extremadura: objeto, ámbito y principios rectores. El Sistema Sanitario Público de Extremadura: Disposiciones Generales y Derechos y deberes de los ciudadanos respecto al Sistema Sanitario. Los Estatutos del Organismo Autónomo Servicio Extremeño de Salud

¿Conoces tu **curva del recuerdo**? Con Técnicas de Memoria 360 te explicamos cómo organizar los repasos.

Índice

1. Ley de Salud de Extremadura: objeto, ámbito y principios rectores

El Estatuto de Autonomía de Extremadura confirió a la Comunidad Autónoma competencias de desarrollo legislativo y ejecutivo en materia de sanidad e higiene, de coordinación hospitalaria en general, así como en asistencia sanitaria de la Seguridad Social, en el marco de la legislación básica del Estado y, en su caso, en los términos que la misma establezca.

La Ley 14/1986, de 25 de abril, General de Sanidad, estableció las bases para la creación del Sistema Nacional de Salud, configurado por el conjunto de los Servicios de Salud de las Comunidades Autónomas, debidamente coordinados, los cuales integran o adscriben funcionalmente todos los centros, servicios y establecimientos sanitarios de la propia Comunidad, las Corporaciones Locales, y cualesquiera otras Administraciones Territoriales intracomunitarias, bajo la responsabilidad de la Comunidad Autónoma.

En ejercicio de aquella competencia y en el marco definido por la legislación básica estatal, la Asamblea de Extremadura establece el ámbito normativo de la política de la Comunidad Autónoma en materia de sanidad con la **Ley 10/2001, de 28 de junio, de Salud de Extremadura**.

La Ley 10/2001 se estructura del siguiente modo:

– Exposición de motivos.

– **Título Preliminar**: Objeto, ámbito y principios rectores.

– **Título I**: El Sistema Sanitario Público de Extremadura.

  * Capítulo I: Disposiciones generales

  * Capítulo II: Competencias de las Administraciones Públicas.

  * Capítulo III: Derechos y deberes de los ciudadanos respecto al Sistema Sanitario.

  * Capítulo IV: Órganos de participación.

    • Sección 1.ª El Consejo Extremeño de Salud y El Consejo Regional de Pacientes de Extremadura.

    • Sección 2.ª De los Consejos de Salud.

  * Capítulo V: Del Defensor de los Usuarios del Sistema Sanitario Público de Extremadura.

  * Capítulo VI: Financiación.

– **Título II**: El Plan de Salud de Extremadura.

– **Título III**: Organización general del Sistema Sanitario Público de Extremadura.

  * Capítulo I: Componentes del Sistema.

  * Capítulo II: Ordenación territorial.

    • Sección 1.ª Áreas de salud.

    • Sección 2.ª Zonas de salud.

- * Capítulo III: Ordenación funcional.
  - • Sección 1.ª Actividades de la estructura sanitaria del Sistema Sanitario Público de Extremadura.
  - • Sección 2.ª Niveles de atención del Sistema Sanitario Público de Extremadura.
- − **Título IV**: Régimen sancionador.
- − **Título V**: Servicio Extremeño de Salud.
  - * Capítulo I: Disposiciones generales.
  - * Capítulo II: Funciones y facultades del Servicio Extremeño de Salud.
  - * Capítulo III: Órganos del Servicio Extremeño de Salud.
  - * Capítulo IV: Régimen de funcionamiento y recursos del Servicio Extremeño de Salud.
  - * Capítulo V: Colaboración con el Servicio Extremeño de Salud.
  - * Capítulo V: Colaboración con el Servicio Extremeño de Salud (derogado por Ley 13/2018, de 26 de diciembre, de conciertos sociales para la prestación de servicios a las personas en los ámbitos social, sanitario y sociosanitario en Extremadura).
- − 6 Disposiciones Adicionales.
- − 4 Disposiciones Transitorias.
- − 1 Disposición Derogatoria.
- − 2 Disposiciones Finales.

La Ley 10/2001 entró en vigor el 4 de julio de 2001, día siguiente al de su publicación en el DOE.

1.1. Objeto

Según su artículo 1, el objeto de la Ley 10/2001 es:

- − La ordenación y regulación del Sistema Sanitario Público de Extremadura como parte integrante del Sistema Nacional de Salud.
- − La creación del Servicio Extremeño de Salud.

1.2. Ámbito

Según su artículo 2, la Ley 10/2001 será de aplicación en el territorio de la Comunidad Autónoma de Extremadura a:

a) Todos los extremeños y residentes en cualquiera de los municipios de Extremadura, con independencia de su situación legal o administrativa.

Los no residentes gozarán de los mismos derechos en la forma y condiciones previstas en la legislación estatal y en los Convenios Nacionales e Internacionales que sean de aplicación.

b) Las Administraciones Públicas de la Comunidad Autónoma de Extremadura.

c) Cualesquiera otras entidades o instituciones, tanto públicas como privadas, cuando así se establezca en la presente norma.

 Recuerda que...

La Ley 10/2001, de 28 de junio, de Salud de Extremadura, solo se aplica en el territorio extremeño.

1.3. Principios rectores

El artículo 3 de la Ley 10/2001 señala que esta se inspira en los siguientes principios:

a) Concepción integral de la salud, incluyendo actuaciones de promoción, prevención, asistencia, rehabilitación e incorporación social.

b) Universalización de la atención sanitaria, garantizando la igualdad efectiva en las condiciones de acceso a los servicios y actuaciones sanitarias.

c) Aseguramiento único y financiación públicos del Sistema Sanitario Público de Extremadura.

d) Integración funcional de todos los recursos sanitarios públicos.

e) Titularidad pública de los centros y servicios sanitarios, así como su coordinación, descentralización, autonomía y responsabilidad.

f) Eficacia y eficiencia en la asignación, utilización y gestión de los recursos.

g) Mejora continua de la calidad de los servicios y prestaciones.

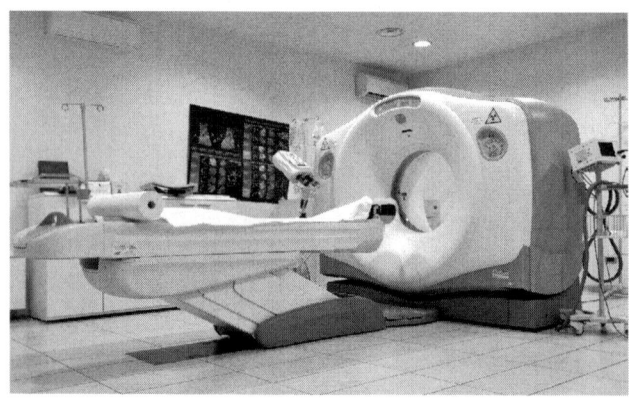

h) Superación de los desequilibrios territoriales y en la prestación de los servicios y superación de las desigualdades sociosanitarias.

i) Participación social, comunitaria y de los trabajadores.

j) Fomento del conocimiento sobre el ejercicio de los derechos y deberes de los ciudadanos.

2. El Sistema Sanitario Público de Extremadura

Como vimos al considerar la estructura de la Ley 10/2001, el título I de esta trata del Sistema Sanitario Público de Extremadura.

Concretamente el artículo 4 define al **Sistema Sanitario Público de Extremadura** como el conjunto de recursos, de actividades y de prestaciones que, conforme al Plan de Salud de Extremadura, funcionan de forma coordinada y ordenada, siendo desarrollados por organizaciones y personas públicas en el territorio de la Comunidad, dirigidos a hacer efectivo el derecho a la protección de la salud a través de la promoción de la salud, la prevención de las enfermedades, la asistencia sanitaria, la rehabilitación funcional y reincorporación social del paciente.

Así pues, el Sistema Sanitario Público de Extremadura:

- Es un conjunto de recursos, actividades y prestaciones:

    * Que funcionan de forma coordinada y ordenada, conforme al Plan de Salud de Extremadura.

    * Desarrollados por organizaciones y personas públicas en el territorio de la Comunidad.

    * Dirigidos a hacer efectivo el derecho a la protección de la salud a través de:

        • La prevención de las enfermedades.

        • La asistencia sanitaria.

        • La rehabilitación funcional y reincorporación social del paciente.

La Ley 10/2001 atribuye a la Junta de Extremadura las facultades de dirección, coordinación, ordenación, planificación, supervisión y control. Mediante estas facultades y en los términos de la propia Ley 10/2001, la Junta de Extremadura garantiza el funcionamiento armónico y eficaz del Sistema Sanitario Público de Extremadura.

2.1. Prestaciones y servicios

Conforme al artículo 5 de la Ley 10/2001, las prestaciones ofertadas por el Sistema Sanitario Público de Extremadura serán, como mínimo, las establecidas en cada momento para el Sistema Nacional de Salud.

La cartera de servicios básica está contenida en la Ley 16/2003, de 28 de mayo, de cohesión y calidad del Sistema Nacional de Salud.

La inclusión de nuevos servicios y prestaciones en el Sistema Sanitario Público de Extremadura, será objeto de una evaluación previa de su efectividad y eficiencia en términos tecnológicos, sociales, de salud, de coste y de ponderación en la asignación del gasto público, llevando asociada una financiación específica.

2.1.1. Prestaciones

Se consideran **prestaciones** de atención sanitaria del Sistema Nacional de Salud los servicios o conjunto de servicios preventivos, diagnósticos, terapéuticos, rehabilitadores y de promoción y mantenimiento de la salud dirigidos a los ciudadanos.

El catálogo de prestaciones del Sistema Nacional de Salud comprenderá las prestaciones correspondientes a salud pública, atención primaria, atención especializada, atención sociosanitaria, atención de urgencias, la prestación farmacéutica, la ortoprotésica, de productos dietéticos y de transporte sanitario.

El catálogo tiene por objeto garantizar las condiciones básicas y comunes para una atención integral, continuada y en el nivel adecuado de atención.

2.1.1.1. Prestaciones de Salud Pública

Según el artículo 11 de la citada Ley 16/2003, la prestación de salud pública es el conjunto de iniciativas organizadas por las Administraciones Públicas para preservar, proteger y promover la salud de la población. Es una combinación de ciencias, habilidades y actitudes dirigidas al mantenimiento y mejora de la salud de todas las personas a través de acciones colectivas o sociales.

La prestación de salud pública comprende las siguientes actuaciones:

a) La información y la vigilancia en salud pública y los sistemas de alerta epidemiológica y respuesta rápida ante emergencias en salud pública.

b) La defensa de los fines y objetivos de la salud pública que es la combinación de acciones individuales y sociales destinadas a obtener compromisos políticos, apoyo para las políticas de salud, aceptación social y respaldo para unos objetivos o programas de salud determinados.

c) La promoción de la salud, a través de programas intersectoriales y transversales.

d) La prevención de las enfermedades, discapacidades y lesiones.

e) La protección de la salud, evitando los efectos negativos que diversos elementos del medio pueden tener sobre la salud y el bienestar de las personas.

f) La protección y promoción de la sanidad ambiental.

g) La protección y promoción de la seguridad alimentaria.

h) La protección y promoción de la salud laboral.

i) La evaluación de impacto en salud.

j) La vigilancia y control de los posibles riesgos para la salud derivados de la importación, exportación o tránsito de bienes y del tránsito internacional de viajeros.

k) La prevención y detección precoz de las enfermedades raras, así como el apoyo a las personas que las presentan y a sus familias.

La prestación de salud pública incluirá, asimismo, todas aquellas actuaciones singulares o medidas especiales que, en materia de salud pública, resulte preciso adoptar por las autoridades sanitarias de las distintas Administraciones Públicas, dentro del ámbito de sus competencias, cuando circunstancias sanitarias de carácter extraordinario o situaciones de especial urgencia o necesidad así lo exijan y la evidencia científica disponible las justifique.

Las prestaciones de salud pública se ejercerán con un carácter de integralidad, a partir de las estructuras de salud pública de las Administraciones y de la infraestructura de atención primaria del Sistema Nacional de Salud.

2.1.1.2. Prestación de Atención Primaria

La atención primaria es el nivel básico e inicial de atención, que garantiza la globalidad y continuidad de la atención a lo largo de toda la vida del paciente, actuando como gestor y coordinador de casos y regulador de flujos. Comprenderá actividades de promoción de la salud, educación sanitaria, prevención de la enfermedad, asistencia sanitaria, mantenimiento y recuperación de la salud, así como la rehabilitación física y el trabajo social.

La atención primaria comprenderá:

a) La asistencia sanitaria a demanda, programada y urgente tanto en la consulta como en el domicilio del enfermo.

b) La indicación o prescripción y la realización, en su caso, de procedimientos diagnósticos y terapéuticos.

c) Las actividades en materia de prevención, promoción de la salud, atención familiar y atención comunitaria.

d) Las actividades de información y vigilancia en la protección de la salud.

e) La rehabilitación básica.

f) Las atenciones y servicios específicos relativos a las mujeres, que específicamente incluirán la detección y tratamiento de las situaciones de violencia de género; la infancia; la adolescencia; los adultos; la tercera edad; los grupos de riesgo y los enfermos crónicos.

g) La atención paliativa a enfermos terminales.

h) La atención a la salud mental, en coordinación con los servicios de atención especializada.

i) La atención a la salud bucodental.

2.1.1.3. Prestación de Atención Especializada

La atención especializada comprende actividades asistenciales, diagnósticas, terapéuticas y de rehabilitación y cuidados, así como aquellas de promoción de la salud, educación sanitaria y prevención de la enfermedad, cuya naturaleza aconseja que se realicen en este nivel.

La atención especializada garantizará la continuidad de la atención integral al paciente, una vez superadas las posibilidades de la atención primaria y hasta que aquel pueda reintegrarse en dicho nivel.

La atención sanitaria especializada, en coordinación con la atención primaria, comprenderá:

a) La asistencia especializada en consultas.

b) La asistencia especializada en hospital de día, médico y quirúrgico.

c) La hospitalización en régimen de internamiento.

d) El apoyo a la atención primaria en el alta hospitalaria precoz y, en su caso, la hospitalización a domicilio.

e) La indicación o prescripción, y la realización, en su caso, de procedimientos diagnósticos y terapéuticos.

f) La atención paliativa a enfermos terminales.

g) La atención a la salud mental.

h) La rehabilitación en pacientes con déficit funcional encaminada a facilitarles, mantenerles o devolverles el mayor grado de capacidad funcional e independencia posible, con el fin de mantener su máxima autonomía, mejorar la calidad de vida y reintegrarles en su medio habitual.

La atención especializada se prestará, siempre que las condiciones del paciente lo permitan, en consultas externas y en hospital de día.

2.1.1.4. Prestación de Atención Sociosanitaria

La atención sociosanitaria comprende el conjunto de cuidados destinados a aquellas personas, generalmente pacientes crónicos, que por sus especiales características pueden beneficiarse de la actuación simultánea y sinérgica de los servicios sanitarios y sociales para aumentar su autonomía, paliar sus limitaciones o sufrimientos y facilitar su reinserción social.

En el ámbito sanitario, la atención sociosanitaria se llevará a cabo en los niveles de atención que cada comunidad autónoma y el Instituto Nacional de Gestión Sanitaria determinen, y en cualquier caso comprenderá:

a) Los cuidados sanitarios de larga duración.

b) La atención sanitaria a la convalecencia.

c) La rehabilitación en pacientes con déficit funcional encaminada a facilitarles, mantenerles o devolverles el mayor grado de capacidad funcional e independencia posible, con el fin de mantener su máxima autonomía, mejorar la calidad de vida y reintegrarles en su medio habitual.

d) Los cuidados intermedios a aquellas personas que la evolución de su enfermedad les ha generado una situación de gran dependencia, como las enfermedades crónicas complejas, las enfermedades raras, los procesos y las enfermedades de alta complejidad y de curso irreversible, en particular aquellas a las que se refiere la Ley 3/2024, de 30 de octubre, para mejorar la calidad de vida de personas con Esclerosis Lateral Amiotrófica y otras enfermedades o procesos de alta complejidad y curso irreversible, entre otras.

La continuidad del servicio será garantizada por los servicios sanitarios y sociales a través de la adecuada coordinación entre las Administraciones Públicas correspondientes.

La adecuada coordinación podrá ser reforzada mediante la constitución de órganos de coordinación sociosanitaria en las comunidades autónomas y ciudades de Ceuta y de Melilla que faciliten la cooperación entre el ámbito social y sanitario, para responder de forma integral, coordinada y eficiente a las necesidades de atención social y sanitaria de las personas con enfermedades que por su evolución generan dependencia y discapacidad, como las enfermedades crónicas complejas, de salud mental, enfermedades raras y los procesos y las enfermedades de alta complejidad y de curso irreversible, en particular aquellas a las que se refiere la Ley 3/2024, de 30 de octubre, para mejorar la calidad de vida de personas con Esclerosis Lateral Amiotrófica y otras enfermedades o procesos de alta complejidad y curso irreversible, entre otras, y que por sus especiales características puedan beneficiarse de la actuación simultánea y sinérgica de los servicios sanitarios y sociales.

2.1.1.5. Prestación de Atención de Urgencia

Conforme al artículo 15 de la Ley 16/2003, la atención de urgencia se presta al paciente en los casos en que su situación clínica obliga a una atención sanitaria inmediata.

Se dispensará tanto en centros sanitarios como fuera de ellos, incluyendo el domicilio del paciente, durante las 24 horas del día, mediante la atención médica y de enfermería.

2.1.1.6. Prestación farmacéutica

La prestación farmacéutica comprende los medicamentos y productos sanitarios y el conjunto de actuaciones encaminadas a que los pacientes los reciban de forma adecuada a sus necesidades clínicas, en las dosis precisas según sus requerimientos individuales, durante el período de tiempo adecuado y al menor coste posible para ellos y la comunidad.

2.1.1.7. Prestación ortoprotésica

La prestación ortoprotésica consiste en la utilización de productos sanitarios, implantables o no, cuya finalidad es sustituir total o parcialmente una estructura corporal, o bien de modificar, corregir o facilitar su función. Comprenderá los elementos precisos para mejorar la calidad de vida y autonomía del paciente.

Esta prestación se facilitará por los servicios de salud o dará lugar a ayudas económicas, en los casos y de acuerdo con las normas que reglamentariamente se establezcan por parte de las Administraciones sanitarias competentes.

2.1.1.8. Prestación de productos dietéticos

La prestación de productos dietéticos comprende la dispensación de los tratamientos dietoterápicos a las personas que padezcan determinados trastornos metabólicos congénitos, la nutrición enteral domiciliaria para pacientes a los que no es posible cubrir sus necesidades nutricionales, a causa de su situación clínica, con alimentos de uso ordinario.

Esta prestación se facilitará por los servicios de salud o dará lugar a ayudas económicas, en los casos y de acuerdo con las normas que reglamentariamente se establezcan por parte de las Administraciones sanitarias competentes.

2.1.1.9. Prestación de transporte sanitario

El transporte sanitario, que necesariamente deberá ser accesible a las personas con discapacidad, consiste en el desplazamiento de enfermos por causas exclusivamente clínicas, cuya situación les impida desplazarse en los medios ordinarios de transporte.

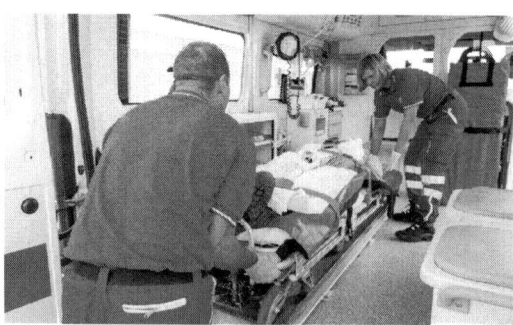

Esta prestación se facilitará de acuerdo con las normas que reglamentariamente se establezcan por las Administraciones sanitarias competentes.

2.1.2. Servicios

La cartera común de **servicios** del Sistema Nacional de Salud es el conjunto de técnicas, tecnologías o procedimientos, entendiendo por tales cada uno de los métodos, actividades y recursos basados en el conocimiento y experimentación científica, mediante los que se hacen efectivas las prestaciones sanitarias.

La cartera común de servicios del Sistema Nacional de Salud se articulará en torno a las siguientes modalidades:

a) Cartera común básica de servicios asistenciales del Sistema Nacional de Salud.

b) Cartera común suplementaria del Sistema Nacional de Salud.

c) Cartera común de servicios accesorios del Sistema Nacional de Salud

La cartera común básica de servicios asistenciales del Sistema Nacional de Salud comprende todas las actividades asistenciales de prevención, diagnóstico, tratamiento y rehabilitación que se realicen en centros sanitarios o sociosanitarios, así como el transporte sanitario urgente, cubiertos de forma completa por financiación pública.

La cartera común suplementaria del Sistema Nacional de Salud incluye todas aquellas prestaciones cuya provisión se realiza mediante dispensación ambulatoria y están sujetas a aportación del usuario.

Esta cartera común suplementaria del Sistema Nacional de Salud incluirá las siguientes prestaciones:

a) Prestación farmacéutica.

b) Prestación ortoprotésica.

c) Prestación con productos dietéticos.

También gozará de esta consideración el transporte sanitario no urgente, sujeto a prescripción facultativa, por razones clínicas y con un nivel de aportación del usuario acorde al determinado para la prestación farmacéutica.

La cartera común de servicios accesorios del Sistema Nacional de Salud incluye todas aquellas actividades, servicios o técnicas, sin carácter de prestación, que no se consideran esenciales y/o que son coadyuvantes o de apoyo para la mejora de una patología de carácter crónico, estando sujetas a aportación y/o reembolso por parte del usuario.

El contenido de la cartera común de servicios del Sistema Nacional de Salud se determinará por acuerdo del Consejo Interterritorial del Sistema Nacional de Salud, a propuesta de la Comisión de prestaciones, aseguramiento y financiación.

En la elaboración de dicho contenido se tendrá en cuenta la eficacia, eficiencia, efectividad, seguridad y utilidad terapéuticas, así como las ventajas y alternativas asistenciales, el cuidado de grupos menos protegidos o de riesgo y las necesidades sociales, así como su impacto económico y organizativo.

En la evaluación de lo dispuesto en el párrafo anterior participará la Red Española de Agencias de Evaluación de Tecnologías Sanitarias y Prestaciones del Sistema Nacional de Salud.

En cualquier caso, no se incluirán en la cartera común de servicios aquellas técnicas, tecnologías y procedimientos cuya contribución eficaz a la prevención, diagnóstico, tratamiento, rehabilitación y curación de las enfermedades, conservación o mejora de la esperanza de vida, autonomía y eliminación o disminución del dolor y el sufrimiento no esté suficientemente probada.

La cartera común de servicios del Sistema Nacional de Salud se actualizará mediante orden de la persona titular del Ministerio competente en materia de Sanidad, previo acuerdo del Consejo Interterritorial del Sistema Nacional de Salud. El procedimiento para la actualización se desarrollará reglamentariamente.

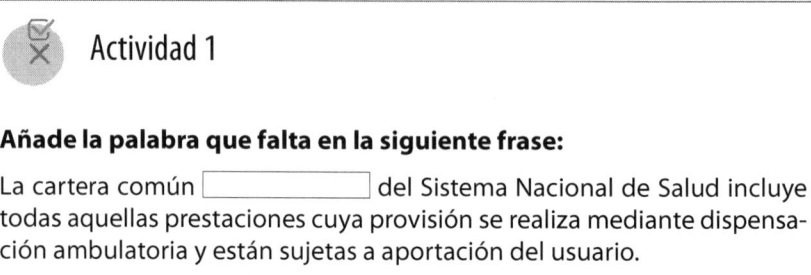

Actividad 1

Añade la palabra que falta en la siguiente frase:

La cartera común _____ del Sistema Nacional de Salud incluye todas aquellas prestaciones cuya provisión se realiza mediante dispensación ambulatoria y están sujetas a aportación del usuario.

2.2. Competencias de las Administraciones Públicas

El artículo 6 de la Ley 10/2001, dispone que las Administraciones Públicas de la Comunidad Autónoma garantizarán, en el ámbito de sus competencias, el derecho a la protección de la salud y la asistencia sanitaria a los ciudadanos, en los términos previstos en esta ley.

Corresponde a los poderes públicos extremeños la actuación preferente de promocionar la salud en cada uno de los sectores de la actividad socioeconómica, con el fin de estimular los hábitos saludables, el control de factores de riesgo, la anulación de efectos negativos y la sensibilización y concienciación sobre el lugar preponderante que por su naturaleza le compete.

Las Administraciones Públicas de la Comunidad Autónoma, dentro de sus respectivas competencias, adoptarán las siguientes medidas:

a) Establecer y acordar limitaciones y medidas preventivas en relación con las actividades públicas y privadas que puedan tener consecuencias negativas para la salud.

b) Establecer prohibiciones y requisitos mínimos para el uso y tráfico de los bienes cuando supongan un riesgo o daño para la salud.

c) Adoptar las medidas cautelares necesarias, tales como la incautación o inmovilización de productos, suspensión del ejercicio de actividades, cierres de empresas o sus instalaciones, intervención de medios materiales y personales y cuantas otras se consideren sanitariamente justificadas, siempre que exista o se sospeche razonablemente la existencia de un riesgo inminente y extraordinario o una repercusión excepcional y negativa para la salud. La duración de las citadas medidas no excederá de lo que exija la situación de riesgo que las justificó.

2.2.1. Competencias de la Junta de Extremadura

Con relación al Sistema Sanitario Público de Extremadura, la Junta de Extremadura ejercerá las competencias que tiene atribuidas la Comunidad Autónoma en materia de sanidad interior, higiene y salud pública, asistencia y prestaciones sanitarias, y ordenación farmacéutica de acuerdo con lo previsto en el Estatuto de Autonomía de Extremadura.

Las competencias de la Junta de Extremadura con relación al Sistema son:

a) El establecimiento de las directrices de la política sanitaria de la Comunidad Autónoma.

b) Velar por los derechos reconocidos en la Ley 10/2001 en relación con los servicios sanitarios.

c) La planificación y ordenación de las actividades, programas y servicios sanitarios y sociosanitarios.

d) La aprobación del Plan de Salud de Extremadura.

e) La cooperación y coordinación general con el resto de las Administraciones Públicas de la Comunidad Autónoma.

f) La aprobación del mapa sanitario de la Comunidad.

g) Desarrollar, en el ámbito de sus competencias, la normativa básica sanitaria, así como la relativa al personal del Sistema Sanitario Público dictada en consonancia con lo establecido en la legislación básica estatal.

h) Todas las demás que le sean atribuidas por las disposiciones vigentes.

2.2.2. Competencias de la Consejería de Salud y Servicios Sociales

Según el artículo 8 de la Ley 10/2001, corresponde a la Consejería competente en materia de sanidad, en el marco de la política sanitaria definida por la Junta de Extremadura:

a) Establecer los principios generales que han de informar la política de salud en la Comunidad Autónoma de Extremadura, proponiendo los criterios generales de planificación.

b) Vigilar, inspeccionar y evaluar las actividades del Sistema Sanitario Público de Extremadura, y su adecuación al Plan de Salud.

c) Controlar los centros, servicios, establecimientos y actividades sanitarias y centros sociosanitarios, en lo que se refiere a la autorización de creación, apertura, modificación y cierre, así como el mantenimiento de los registros pertinentes, su catalogación y, en su caso, su acreditación.

d) Inspección de todos los centros, servicios, prestaciones y establecimientos sanitarios y sociosanitarios de Extremadura, así como el control de sus actividades de promoción y publicidad.

e) Ejercitar las competencias en materia de intervención pública para la protección de la salud, en especial la exigencia de autorizaciones sanitarias de funcionamiento a todas las industrias, establecimientos y actividades alimentarias de uso humano, así como el control e inspección de los procesos desarrollados por los mismos.

f) Establecer la estructura básica y las características que ha de reunir el sistema de información sanitaria, a los efectos de garantizar un adecuado soporte de las decisiones que afectan al sistema sanitario.

g) Elaborar y proponer a la Junta de Extremadura la aprobación del Plan de Salud de la Comunidad Autónoma.

h) Proponer a la Junta de Extremadura la aprobación del proyecto de Mapa Sanitario de Extremadura, así como las modificaciones en sus distintos ámbitos territoriales.

i) Establecimiento, control e inspección de las condiciones higiénico-sanitarias de funcionamiento y desarrollo de actividades, locales y edificios de convivencia pública o colectiva y, en general, del medio en que se desenvuelve la vida humana, sin perjuicio de las competencias de las Corporaciones Locales.

j) Ordenación y regulación de las funciones de policía sanitaria mortuoria.

k) Todas aquellas competencias que le sean atribuidas por las disposiciones vigentes.

En el ámbito de sus respectivas atribuciones, tienen el carácter de **autoridad sanitaria**:

– La Junta de Extremadura.

– El Consejero titular de la Consejería competente en materia sanitaria, así como los órganos de la misma que se determinen.

– Los Alcaldes, de acuerdo con lo previsto en la legislación de Régimen Local y en la Ley 10/2001.

El personal debidamente acreditado que actúe en representación de la autoridad sanitaria, cuando ejerza funciones de inspección, estará facultado para:

a) Acceder libremente y en cualquier momento a todo centro, servicio o establecimiento sujeto a la Ley 10/2001.

b) Efectuar u ordenar la realización de las pruebas, investigaciones o exámenes necesarios para comprobar el cumplimiento de la Ley 10/2001 y cuantas normas sean aplicables.

c) Tomar o sacar muestras con objeto de comprobar el cumplimiento de la legislación aplicable.

d) Realizar cuantas actuaciones sean precisas para el adecuado cumplimiento de las funciones de inspección y control, incluyendo la adopción de medidas cautelares necesarias para preservar la Salud colectiva en situaciones de urgente necesidad. En este último supuesto, se habrá de dar cuenta inmediata de las actuaciones realizadas a la autoridad sanitaria competente, quien deberá ratificar o no dichas actuaciones en un plazo máximo de cuarenta y ocho horas desde que fueron adoptadas.

2.2.3. Competencias de las Corporaciones Locales en relación con el Sistema Sanitario Público

De conformidad con lo establecido en la legislación de Régimen Local, en la Ley General de Sanidad y en la Ley10/2001, a las Corporaciones Locales les corresponden las siguientes actuaciones mínimas, que ejercerán en el marco de las directrices, objetivos y líneas de actuación del Plan de Salud de Extremadura:

a) Control sanitario del medio ambiente: contaminación atmosférica, abastecimiento de aguas, saneamiento de aguas residuales y residuos sólidos urbanos, industriales y agrarios.

b) Control sanitario de industrias, actividades y servicios, transportes, ruidos y vibraciones.

c) Control sanitario de edificios y lugares de vivienda y convivencia humana, especialmente en centros de alimentación, peluquerías, saunas y centros de higiene personal, hoteles y centros residenciales, escuelas, campamentos turísticos y áreas de actividad física, deportiva y de recreo.

d) Control sanitario de la distribución y suministro de alimentos, bebidas y demás productos directa o indirectamente relacionados con el uso o consumo humano, así como de los medios de su transporte.

e) Control sanitario de los cementerios y policía sanitaria mortuoria.

f) Desarrollo de programas de promoción de la salud, educación sanitaria y protección de grupos sociales con riesgos específicos.

g) Participación en los órganos de dirección y/o participación de los servicios públicos de salud en la forma que reglamentariamente se determine.

h) Participación, en la forma que reglamentariamente se determine, en la elaboración de los programas de salud de su ámbito.

i) Colaboración, en los términos en que se acuerde en cada caso, en la construcción, reforma y/o equipamiento de centros y servicios sanitarios.

j) Conservación y mantenimiento de los consultorios locales.

La Junta de Extremadura podrá delegar o transferir a las Corporaciones Locales el ejercicio de cualesquiera funciones en materia sanitaria en las condiciones previstas en la legislación vigente.

Para el desarrollo de las funciones citadas en este apartado, las Corporaciones Locales podrán solicitar la colaboración de los recursos sanitarios del área de salud.

2.3. Derechos y deberes de los ciudadanos respecto al Sistema Sanitario

El artículo 10 de la Ley 10/2001 establece que, sin perjuicio de lo previsto en la legislación básica estatal, y con independencia de su situación legal o administrativa, son titulares de los derechos y deberes contemplados en esta ley, en relación con el Sistema Sanitario Público de Extremadura, los siguientes:

a) Los españoles y los extranjeros residentes en cualesquiera de los municipios de Extremadura.

b) Los españoles y extranjeros no residentes en Extremadura que tengan establecida su residencia en el territorio nacional, con el alcance determinado por la legislación estatal.

c) Los nacionales de Estados miembros de la Unión Europea tienen los derechos que resulten de la aplicación del Derecho comunitario europeo y de los Tratados y Convenios suscritos o que pudieran suscribirse por el Estado español y les sean de aplicación.

d) Los nacionales de Estados no pertenecientes a la Unión Europea tienen los derechos que les reconozcan las Leyes, los Tratados y Convenios suscritos por el Estado español.

No obstante lo anterior, se garantizará a todas las personas en Extremadura la atención en situación de urgencias y emergencias.

2.3.1. Derechos

A) De conformidad con los derechos reconocidos en la Constitución Española y en la legislación básica estatal, en el Sistema Sanitario Público de Extremadura se garantizan los siguientes derechos que recoge el artículo 11 de la Ley 10/2001:

a) A las prestaciones y servicios de salud individual y colectiva del Sistema Sanitario Público de Extremadura.

b) Al respeto de su personalidad, dignidad humana e intimidad, sin que puedan ser discriminados por ninguna causa. Este derecho incluirá el progresivo ofrecimiento de habitación individual en los centros hospitalarios de la Comunidad Autónoma de Extremadura.

c) A la información sobre los servicios sanitarios a que pueden acceder y sobre los requisitos necesarios para su uso.

d) A disponer de información sobre el coste económico de las prestaciones y servicios recibidos.

e) A la confidencialidad de toda la información relacionada con su proceso y con su estancia en cualquier institución sanitaria de Extremadura.

f) A ser advertidos de si los procedimientos de pronóstico, diagnóstico y terapéuticos que se le apliquen pudieran ser utilizados en un proyecto docente o de investigación, sin que, en ningún caso, dicha aplicación comporte riesgo adicional para la salud. En todo caso será imprescindible la previa autorización por escrito del paciente y la aceptación por parte del médico y de la dirección del correspondiente centro sanitario.

g) (Derogada)

h) (Derogada)

i) A que se les asigne un médico, cuyo nombre se les dará a conocer, que será su interlocutor principal con el equipo asistencial. En caso de ausencia, otro facultativo del equipo asumirá tal responsabilidad.

j) (Derogada)

k) (Derogada)

l) A participar en las actividades sanitarias a través de los cauces previstos en la normativa básica estatal, en la presente ley y en cuantas disposiciones la desarrollen.

m) (Derogada)

n) A disponer, en todos los centros, servicios y establecimientos sanitarios y sociosanitarios, de una carta de derechos y deberes por la que ha de regirse su relación con los mismos.

o) A la utilización de los procedimientos de reclamación y sugerencias, así como a recibir respuestas por escrito, siempre de acuerdo con los plazos que reglamentariamente se establezcan.

p) A la libre elección de médico, servicio y centro, así como a obtener una segunda opinión médica, en los términos que reglamentariamente se establezcan. En el ámbito de la atención primaria, se entenderá la libre elección a la unidad básica asistencial.

q) A la información sobre los factores, situaciones y causas de riesgo para la salud individual y colectiva conocidos.

r) Al libre acceso al defensor de los usuarios del Sistema Sanitario Público de Extremadura.

B) Los menores, mayores dependientes, enfermos mentales, los que padecen enfermedades crónicas, terminales y discapacitantes y las personas pertenecientes a grupos de riesgo, tienen derecho a actuaciones y programas sanitarios específicos y preferentes en el Sistema Sanitario Público de Extremadura.

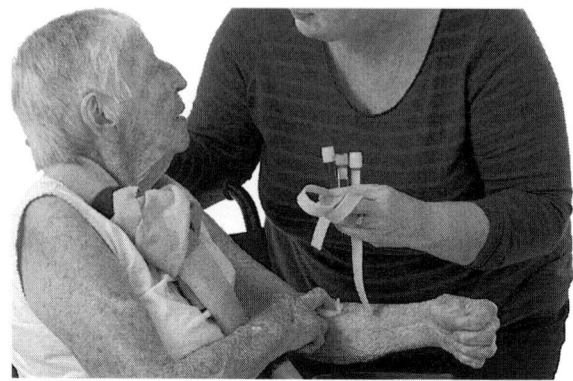

C) Los enfermos mentales, sin perjuicio de lo señalado en los epígrafes precedentes, tendrán, en especial, los siguientes derechos:

   a) Cuando en los ingresos voluntarios desapareciera la plenitud de facultades durante el internamiento, la Dirección del centro deberá solicitar la correspondiente autorización judicial para la continuación del mismo.

   b) En los ingresos forzosos, el derecho a que se reexamine periódicamente la necesidad del internamiento.

Sin perjuicio de la libertad de empresa, los derechos contemplados en las letras b), c), d) e), f), g), h), i), j), k), m), n), o) y q) del epígrafe A) y el epígrafe C) serán ejercidos también con respecto a los servicios sanitarios privados.

2.3.2. Deberes

Sin perjuicio de los deberes reconocidos en la legislación básica estatal, al ámbito de la Ley 10/2001, los ciudadanos están sujetos, con respecto al Sistema Sanitario Público de Extremadura, al cumplimiento de los siguientes deberes que enuncia el artículo 12:

   a) Cumplir las prescripciones generales de naturaleza sanitaria comunes a toda la población, así como las específicamente determinadas por los servicios sanitarios.

   b) Cuidar las instalaciones y colaborar en el mantenimiento de la habitabilidad de las instituciones sanitarias y sociosanitarias.

   c) Responsabilizarse del uso adecuado de las prestaciones ofrecidas por el sistema sanitario, fundamentalmente en lo que se refiere a la utilización de servicios, procedimientos de baja laboral o incapacidad permanente y prestaciones terapéuticas y sociales.

   d) *(Derogada)*

e) Mantener el debido respeto a las normas establecidas en cada centro sanitario y sociosanitario a los usuarios y personal que preste sus servicios en los mismos.

f) Colaborar con los centros, servicios y profesionales sanitarios, facilitando la información de su estado de salud para adecuar la atención sanitaria a las necesidades demandadas.

g) Cumplir las normas y procedimientos de uso y acceso a los derechos que se le otorgan a través de la presente ley.

2.4. Órganos de participación

2.4.1. El Consejo Extremeño de Salud

Conforme al artículo 13 de la Ley 10/2001, el Consejo Extremeño de Salud se constituye, adscrito a la Consejería competente en materia de sanidad, como órgano colegiado superior de carácter consultivo, de participación ciudadana y de formulación y control de la política sanitaria en la Comunidad Autónoma de Extremadura, al objeto de promover la participación democrática de la sociedad en el Sistema Sanitario Público de Extremadura.

Corresponde a la Junta de Extremadura la regulación reglamentaria de la organización, composición, funcionamiento y atribuciones del Consejo Extremeño de Salud, en el que se contemplará, al menos, la participación de las Administraciones Locales, los sindicatos y las organizaciones empresariales más representativas a nivel de Extremadura, así como las organizaciones de consumidores y usuarios (por Decreto 88/2002, de 25 de junio, modificado por el Decreto 216/2013, de 12 de noviembre, se regula la composición, funcionamiento y organización del Consejo Extremeño de Salud).

2.4.2. El Consejo Regional de Pacientes de Extremadura

El artículo 13 bis de la Ley 10/2001, prevé la creación del Consejo Regional de Pacientes de Extremadura, adscrito a la Consejería competente en materia de sanidad, como órgano colegiado de carácter consultivo, de participación comunitaria y de coordinación en relación con las actividades que desarrollan las asociaciones de pacientes en la Comunidad Autónoma de Extremadura, con la finalidad de promover la participación formal de los pacientes en el Sistema Sanitario Público de Extremadura

El Consejo Regional de Pacientes de Extremadura tendrá como objetivo general promover la coordinación, articulación, planificación estratégica, gestión y evaluación de las actividades relacionadas con la participación de las instituciones de pacientes y familiares de afectados con ámbito de actuación en la Comunidad Autónoma de Extremadura en el Sistema Sanitario Público de Extremadura.

La composición, organización, funcionamiento y atribuciones del Consejo Regional de Pacientes de Extremadura serán objeto de desarrollo reglamentario (este desarrollo se ha llevado a cabo a través del Decreto 58/2014, de 8 de abril).

2.4.3. Consejos de Salud de Área y Zona

En cada **área de salud** se establecerá un Consejo de Salud de Área, como órgano colegiado de consulta y participación, con la finalidad de contribuir, dentro de su ámbito, en la mejora de la actuación sanitaria.

En cada **zona de salud** se establecerá un Consejo de Salud de Zona, como órgano colegiado de participación ciudadana.

Reglamentariamente se establecerá la organización, composición, funcionamiento y atribuciones de los Consejos de Salud de Área y de Zona (por Decreto 189/2004, de 14 de diciembre, se regula la estructura orgánica del Servicio Extremeño de Salud en las áreas de salud de la Comunidad Autónoma de Extremadura y la composición, atribuciones y funcionamiento de los Consejos de Salud de Área; y, por Decreto 240/2009, de 13 de noviembre, se regulan los Consejos de Salud de Zona del Sistema Sanitario Público de Extremadura).

2.4.4. Otros órganos de participación

Por la Junta de Extremadura se podrán establecer órganos de participación a otros niveles de la organización funcional del Sistema Sanitario Público de Extremadura, con la finalidad de asesorar a los correspondientes órganos directivos e implicar a las organizaciones sociales y ciudadanas en el objetivo de alcanzar mayores niveles de salud.

Corresponde a la Junta de Extremadura la regulación reglamentaria de los órganos de participación a que hace referencia el apartado anterior, y que se ajustará a los criterios de participación democrática de todos los interesados, y cuya composición se establecerá en cada caso en función de su naturaleza y su ámbito de actuación.

Estos órganos de participación podrán incluir, entre otros, a Colegios Profesionales, Sociedades Científicas y Asociaciones, así como a personas de reconocido prestigio en el ámbito de las Ciencias de la Salud.

La estructura principal a través de la cual se lleva a cabo la participación comunitaria es el Consejo de Salud de Zona. No obstante, para hacer efectiva una democracia participativa real en todos los ámbitos posibles, y no solo en el de los Consejos de Salud de Zona, se considera que la vía adecuada para solucionar esa falta de participación son las Comisiones Comunitarias de Salud.

Las **Comisiones Comunitarias de Salud** son espacios de relación intersectorial, colaboración y participación comunitaria que tienen como finalidad mejorar la salud de la población e implicar en el proceso de mejora y sostenibilidad del Sistema Sanitario Público, junto con los Equipos de Atención Primaria, al conjunto de actores sociales que actúan en el marco de la comunidad y de la convivencia en ámbitos locales, contando con la participación de la ciudadanía, la implicación de los recursos técnicos-profesionales y la colaboración de la institución municipal y de otras Administraciones públicas, lo que redundará en una mejor salud de la población y en una optimización de los recursos con los que cuenta la comunidad.

Por Decreto 61/2019, de 21 de mayo, se regulan las Comisiones Comunitarias de Salud en la Comunidad Autónoma de Extremadura.

Sabías que...

La **participación comunitaria en salud** debe ser entendida como el proceso mediante el cual las personas y las familias asumen la responsabilidad ante su salud y bienestar y el de la propia comunidad, y desarrollan la capacidad de contribuir activamente a su propio desarrollo y el de la comunidad. Así, la participación comunitaria en salud es fundamental para desarrollar e impulsar acciones de promoción de la salud.

El **empoderamiento para la salud de la comunidad** supone que las personas actúen colectivamente, con el fin de conseguir una mayor influencia y control sobre los determinantes de la salud y la calidad de vida de su comunidad, siendo éste un importante objetivo de la acción comunitaria para la salud.

2.5. El Defensor de los Usuarios

La Ley 10/2001, en su artículo 16, crea el Defensor de los Usuarios del Sistema Sanitario Público de Extremadura como órgano encargado de la defensa de los derechos de aquellos, quien desempeñará sus funciones con plena autonomía e independencia.

El Defensor de los Usuarios estará adscrito al departamento de la Administración regional que ostente las competencias en materia de protección de los derechos de los consumidores (actualmente la Consejería de Sanidad y Políticas Sociales).

El Defensor de los Usuarios dará cuenta de sus actividades anualmente a la Comisión de Política Social de la Asamblea de Extremadura y al Consejo Extremeño de Salud.

El Defensor de los Usuarios será designado por el Consejo de Gobierno de la Junta de Extremadura a propuesta del Consejo Regional de Consumidores y Usuarios por un período de cinco años.

El Defensor de los Usuarios podrá actuar de oficio o a instancia de toda persona natural o jurídica que invoque un interés legítimo.

En su investigación, podrá solicitar de las Administraciones competentes la información detallada que considere necesaria, quedando garantizada la más absoluta reserva y confidencialidad en su actuación.

Si de las actuaciones realizadas por el Defensor de los Usuarios del Sistema Sanitario Público de Extremadura, en el estudio de las reclamaciones, quejas o denuncias presentadas, se dedujeran la posibilidad de la existencia de responsabilidad administrativa, elevará la correspondiente propuesta al órgano competente en cada caso, para que se actúe de acuerdo con lo previsto en la legislación vigente, viniendo este obligado a dar cuenta al Defensor de los Usuarios del resultado de las actuaciones realizadas.

Reglamentariamente la Junta de Extremadura establecerá la estructura del órgano, así como las incompatibilidades, situación administrativa y régimen que le sea de aplicación (por Decreto 4/2003, de 14 de enero, se regula el régimen jurídico, estructura y funcionamiento del Defensor de los Usuarios del Sistema Sanitario Público de Extremadura).

 Sabías que...

La Defensora de los Usuarios del Sistema Sanitario Público de Extremadura tramitó en 2023 más de 5.800 expedientes.

2.6. Financiación

El Sistema Sanitario Público de Extremadura se financiará fundamentalmente con cargo a:

a) Los recursos que le puedan corresponder por la participación de la Junta de Extremadura en los Presupuestos del Estado afectos a servicios y prestaciones sanitarias.

b) Los ingresos obtenidos de los tributos que se cedan total y parcialmente por el Estado a la Comunidad Autónoma de Extremadura para fines sanitarios, así como los ingresos de los tributos y precios públicos que para idénticos fines establezca la Comunidad Autónoma.

c) Los recursos no contemplados en el artículo 21 de la Ley 10/2001, que le puedan ser asignados con cargo a los Presupuestos de la Comunidad Autónoma.

Según el citado artículo 21, constituyen otras fuentes de financiación del Sistema:

a) Las aportaciones que deben realizar las Corporaciones Locales con cargo a su presupuesto.

b) Los rendimientos de los bienes y derechos propios que tenga adscritos.

c) Las subvenciones, donaciones y aportaciones voluntarias, tanto de entidades públicas como privadas y de particulares.

d) Los ingresos ordinarios y extraordinarios que esté autorizado a percibir, a tenor de las disposiciones vigentes, de los convenios interadministrativos que pudieran suscribirse para la atención sanitaria prestada a los españoles y extranjeros a los que se refiere el artículo 10.1 de la Ley 10/2001, así como cualquier otro recurso que pudiese ser atribuido o asignado.

En las tarifas de precios públicos que se establezcan, para los casos en que el Sistema Sanitario Público de Extremadura tenga derecho al reembolso de los gastos efectuados, se tendrán en cuenta los costes efectivos totales de los servicios prestados, de acuerdo con lo establecido en la normativa autonómica sobre tasas y precios públicos.

2.7. Componentes del Sistema

2.7.1. Centros, servicios y establecimientos del Sistema

El Sistema Sanitario Público de Extremadura está compuesto por:

a) Los centros, servicios y establecimientos sanitarios públicos integrados en el Servicio Extremeño de Salud o adscritos al mismo.

b) Los centros, servicios y establecimientos sanitarios de organismos, empresas públicas o cualesquiera otras entidades públicas admitidas en derecho, adscritos a la Administración Sanitaria de la Junta de Extremadura.

c) Los centros, servicios y establecimientos sanitarios de las Corporaciones Locales, y cualesquiera otras Administraciones territoriales intracomunitarias.

Asimismo, podrán formar parte del Sistema Sanitario Público de Extremadura:

a) Los centros, servicios y establecimientos sanitarios de otras Administraciones Públicas, en los términos que prevean los respectivos acuerdos o convenios suscritos al efecto.

b) Los centros, servicios y establecimientos sanitarios que se adscriban al mismo en virtud de un concierto o convenio singular de vinculación.

c) Cualesquiera otros que pueda crear o recibir por cualquier título la Comunidad Autónoma.

2.7.2. Recursos humanos del Sistema

El personal al servicio del Sistema Sanitario Público de Extremadura estará formado por:

a) El personal de la Administración de la Comunidad Autónoma de Extremadura que preste sus servicios en el Sistema Sanitario Público de Extremadura.

b) El personal de otras Administraciones Públicas que se adscriba para prestar servicios en el Sistema Sanitario Público de Extremadura.

c) El personal que se incorpore al mismo de acuerdo con la normativa vigente.

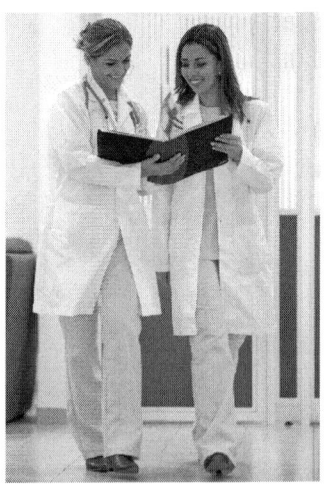

3. Los Estatutos del Organismo Autónomo Servicio Extremeño de Salud

La Ley 10/2001, en su artículo 57, crea el Servicio Extremeño de Salud, como **organismo autónomo de carácter administrativo**, con el fin de ejercer las competencias de administración y gestión de servicios, prestaciones y programas sanitarios que le encomiende la Administración de la Comunidad Autónoma conforme a los objetivos y principios de esta ley.

El Servicio Extremeño de Salud está dotado de personalidad jurídica propia y plena capacidad de obrar, de tesorería propia y facultades de gestión del patrimonio afecto, para el cumplimiento de sus fines y adscrito a la Consejería competente en materia sanitaria (actualmente la Consejería de Salud y Servicios Sociales).

El Servicio Extremeño de Salud se regirá por la Ley 10/2001 y demás disposiciones que la desarrollan, por la Ley 5/2007, de 19 abril, General de Hacienda Pública de Extremadura y por las demás disposiciones que resulten de aplicación.

Por **Decreto 221/2008, de 24 de octubre**, se aprueban los Estatutos del Organismo Autónomo Servicio Extremeño de Salud; este Decreto ha sido modificado sustancialmente por los Decretos 68/2010, de 12 de marzo, 231/2015, de 31 de julio y 145/2019, de 10 de septiembre y 235/2023, de 12 de septiembre.

 Recuerda que...

El Servicio Extremeño de Salud se creó en el año 2001, por la Ley 10/2001, de 28 de junio, de Salud de Extremadura.

3.1. Principios informadores del Servicio Extremeño de Salud

El Servicio Extremeño de Salud servirá con objetividad a los intereses generales de Extremadura, de conformidad con las directrices emanadas de la Consejería competente y actuará con sometimiento pleno a la Ley y al Derecho, de acuerdo con principios de:

- Economía.
- Eficacia.
- Eficiencia.
- Jerarquía.
- Desconcentración y descentralización.
- Coordinación.
- Armonización.

- Solidaridad.
- Participación.
- Equidad.

3.2. Estructura de los Estatutos del SES

Los Estatutos del Servicio Extremeño de Salud, contienen 18 artículos estructurados del siguiente modo:

- **Título I**. Disposiciones generales (arts. 1 y 2).
  * *Capítulo único. Naturaleza, régimen jurídico y funciones.*
- **Título II**. Organización y funcionamiento (arts. 3 a 11).
  * *Capítulo único. Órganos de dirección.*
- **Título III**. Régimen jurídico, patrimonial y financiero (arts. 12 a 16).
  * *Capítulo I. Régimen jurídico-administrativo.*
  * *Capítulo II. Régimen patrimonial.*
  * *Capítulo III. Régimen financiero.*
- **Título IV**. Régimen de contratación administrativa y de recursos humanos (arts. 17 y 18)
  * *Capítulo I. Régimen de contratación administrativa*
  * *Capítulo II. Régimen de recursos humanos*

3.3. Funciones

El Servicio Extremeño de Salud, bajo la supervisión y control de la Consejería competente en materia de sanidad, desarrollará las siguientes funciones:

a) Planificación, organización, dirección y gestión de los centros y de los servicios sanitarios adscritos al mismo, y que operen bajo su dependencia orgánica y/o funcional.

b) Prestación de la atención sanitaria.

c) Planificación, organización, dirección y gestión de los recursos humanos, materiales y financieros que le estén asignados para el desarrollo de las funciones que tenga encomendadas.

d) Aquellas que se le atribuyan reglamentariamente.

El Servicio Extremeño de Salud, oído el Consejo Extremeño de Salud, podrá elevar a la Consejería competente en materia de sanidad, para su aprobación por los órganos competentes, propuestas para la constitución de consorcios de naturaleza pública u otras fórmulas de gestión integrada o compartida con entidades públicas o privadas sin ánimo de lucro, con intereses comunes o concurrentes, que podrán dotarse de organismos instrumentales, así como la propuesta de creación o participación en cualesquiera otras entidades públicas admitidas en derecho, cuando así convenga a la gestión.

3.4. Órganos del Servicio Extremeño de Salud

El artículo 60 de la Ley 10/2001 señala como órganos del Servicio Extremeño de Salud, los siguientes:

a) De dirección y gestión: el Director Gerente.

b) De control y participación en la gestión: el Consejo General.

c) De coordinación: el Consejo de Dirección.

d) Los órganos, organismos, servicios y unidades que se determinen estatutariamente.

Los Estatutos del Servicio Extremeño de Salud contemplan cuatro órganos de dirección y gestión más:

− La Dirección General de Recursos Humanos.

− La Dirección General de Planificación Económica.

− La Dirección General de Asistencia Sanitaria.

− La Dirección General de Salud Pública.

3.4.1. El Director Gerente

La Dirección Gerencia es el órgano superior del Servicio Extremeño de Salud.

El nombramiento y cese de su titular corresponderá al Consejo de Gobierno de la Junta de Extremadura, a propuesta del titular de la Consejería competente en materia sanitaria.

La Dirección Gerencia del Servicio Extremeño de Salud desempeñará las siguientes funciones:

a) Ostentar la representación legal del Servicio Extremeño de Salud.

b) Ordenar los pagos del Organismo Autónomo.

c) Autorizar los gastos del Organismo Autónomo, excepto en aquellas competencias que tengan atribuidas las Gerencias de Área o en las que expresamente les sean delegadas.

d) Suscribir, en nombre del Servicio Extremeño de Salud, los convenios referidos a asuntos propios del mismo.

e) La resolución de los procedimientos de reintegro de gastos de productos farmacéuticos, de ortoprótesis y por asistencia sanitaria prestada con medios ajenos al sistema sanitario público, así como el abono de ayudas por gastos de estancia y desplazamiento con fines asistenciales.

f) La programación, dirección, evaluación interna y control de la organización y actividades de los centros, establecimientos y servicios adscritos orgánica y/o funcionalmente al Servicio Extremeño de Salud.

g) La dirección y coordinación general de la estructura de gestión del Organismo Autónomo.

h) La aprobación del anteproyecto del presupuesto anual del Organismo Autónomo.

i) Ejercer como órgano de contratación del Organismo Autónomo en los términos establecidos en la Ley de Salud de Extremadura y en la normativa general sobre contratación administrativa.

j) La gestión del patrimonio afecto.

k) Autorizar las modificaciones de créditos, previo informe favorable de la Intervención competente, en los términos de la Ley 5/2007, de 19 de abril, General de Hacienda Pública de Extremadura y resolver los procedimientos de reintegro de pagos indebidos en los términos establecidos en las Leyes de Presupuestos Generales de la Comunidad Autónoma de Extremadura.

l) Aprobar los instrumentos de ordenación del personal del Servicio Extremeño de Salud, así como gestionar el régimen retributivo del mismo de acuerdo con lo previsto en la ley.

m) La convocatoria y resolución de los procedimientos de selección y provisión de plazas del personal estatutario del Servicio Extremeño de Salud.

n) El reconocimiento de los niveles de carrera y desarrollo profesional.

o) La rendición de cuentas anual del Organismo Autónomo.

p) Proponer al órgano competente la formación del personal del Servicio Extremeño de Salud, en colaboración con la Escuela de Estudios de Ciencias de la Salud y en coordinación con la Escuela de Administración Pública de Extremadura.

q) El nombramiento y cese del personal eventual del Organismo Autónomo.

r) La coordinación de los órganos de dirección y gestión del Organismo Autónomo.

s) La contratación de los seguros de responsabilidad civil y gerencia de riesgos.

t) La organización y dirección del sistema financiero del Organismo Autónomo referido a los fondos depositados en su tesorería.

u) La creación de los órganos, servicios y unidades inferiores del Organismo Autónomo que no afecten a la estructura de gestión de las áreas de salud.

v) La dirección, ordenación y organización de los sistemas de información.

w) La resolución de los procedimientos de concesión de subvenciones y de reintegro de las mismas cuando se aprecie la existencia de alguno de los supuestos establecidos en el artículo 37 de la Ley 38/2003, de 17 de noviembre, General de Subvenciones.

x) El asesoramiento jurídico interno del Organismo Autónomo

y) Todas aquellas no expresamente atribuidas a otros órganos en los presentes Estatutos, así como aquellas que le pudieran ser expresamente delegadas.

 Actividad 2

Une mediante flechas los elementos de la primera columna con su correspondiente en la segunda:

Consejo de Dirección   Coordinación

Director Gerente   Control y participación en la gestión

Consejo General   Dirección y gestión

3.4.2. La Dirección General de Recursos Humanos

El nombramiento y cese de su titular corresponderá al Consejo de Gobierno de la Junta de Extremadura a propuesta del titular de la Consejería competente en materia sanitaria.

La D.G. de Recursos Humanos desempeñará las siguientes funciones:

a) La gestión de los procedimientos de selección y de provisión del personal estatutario fijo, así como la gestión de los instrumentos de promoción y de carrera y desarrollo profesional del mismo.

b) El nombramiento del personal estatutario fijo.

c) La constitución de las bolsas de trabajo del personal estatutario temporal, así como la gestión, selección y nombramiento del personal estatutario interino y eventual.

d) El nombramiento de personal funcionario interino y la contratación del personal laboral temporal.

e) El ejercicio de la potestad disciplinaria respecto del personal del Organismo Autónomo, excepto la separación del servicio que corresponderá al Director Gerente.

f) La organización y control del Registro de Personal del Servicio Extremeño de Salud, en coordinación con el Registro General de Personal de la Dirección General de la Función Pública.

g) El reconocimiento de las situaciones administrativas, la resolución de concesión del reingreso al servicio activo, así como de jubilaciones voluntarias, la declaración de jubilaciones forzosas y por incapacidad física y la autorización de prórroga en el servicio activo del personal estatutario y del personal funcionario sanitario del Servicio Extremeño de Salud.

h) La autorización de las comisiones de servicio y de otras situaciones de movilidad de carácter temporal del personal estatutario y del personal funcionario sanitario del Servicio Extremeño de Salud.

i) El reconocimiento de trienios y de servicios previos del personal estatutario y del personal funcionario sanitario del Servicio Extremeño de Salud.

j) La ejecución de la política retributiva y la gestión de la nómina del Organismo Autónomo.

k) La elaboración y gestión de los instrumentos de ordenación del personal del Organismo Autónomo.

l) El establecimiento de las directrices sobre vacaciones, permisos, licencias, jornadas y horarios.

m) El control y supervisión del cumplimiento de la normativa vigente en materia de prevención de riesgos y salud laboral.

n) La tramitación y resolución de los procedimientos sobre incompatibilidades del personal estatutario y del personal funcionario sanitario del Servicio Extremeño de Salud.

o) La negociación colectiva con arreglo a las instrucciones emanadas del Consejo de Gobierno de la Junta de Extremadura y en los términos establecidos en el Estatuto Básico del Empleado Público.

p) El régimen interior.

q) El desarrollo de planes de actuación que fomenten la mejora constante del clima laboral a través del desarrollo de la formación, de mediación, de comunicación interna y cualquier otra medida para conseguir este objetivo.

e) Aquellas otras que expresamente le sean atribuidas o delegadas.

3.4.3. La Dirección General de Planificación Económica

El nombramiento y cese del Director General de Planificación Económica corresponderá al Consejo de Gobierno de la Junta de Extremadura a propuesta del titular de la Consejería competente en materia sanitaria.

La Dirección General de Planificación Económica desempeñará las siguientes funciones:

a) La dirección y gestión de la tesorería del organismo autónomo, de acuerdo con las estipulaciones contenidas en la Ley 5/2007, de 19 de abril, General de Hacienda Pública de Extremadura.

b) El control y gestión de todos los ingresos y pagos del organismo autónomo.

c) La colocación de los excedentes transitorios de tesorería mediante concertación de operaciones financieras activas.

d) La elaboración del anteproyecto de presupuestos del organismo autónomo, y el seguimiento y control de su ejecución.

e) La programación plurianual de los programas de gastos del organismo autónomo.

f) La tramitación de los expedientes de modificaciones de créditos.

g) La redistribución y reasignación de los créditos entre los distintos centros de gastos.

h) La organización y dirección de las actuaciones de gestión financiera y presupuestaria que se realicen por los centros de gastos.

i) La planificación, gestión y seguimiento de las formas de intervención cofinanciadas con los fondos de la Unión Europea en el organismo autónomo.

j) La organización y dirección de la contabilidad del organismo autónomo, de acuerdo con las directrices del régimen general de contabilidad pública.

k) La elaboración de la cuenta anual del organismo autónomo.

l) El establecimiento y mantenimiento de las actuaciones de control interno necesarias para comprobar el funcionamiento económico-financiero del organismo autónomo.

m) La supervisión y coordinación de las contrataciones administrativas de cualquier clase que realice el Servicio Extremeño de Salud.

n) La gestión económica general del Organismo Autónomo.

ñ) La organización y dirección de las actuaciones de gestión económica que se realicen por los centros de gasto.

o) La programación de las inversiones necesarias para el funcionamiento de la actividad del Organismo Autónomo.

p) Aquellas otras que expresamente le sean atribuidas o delegadas.

3.4.4. La Dirección General de Asistencia Sanitaria

El nombramiento y cese del Director General de Asistencia Sanitaria corresponderá al Consejo de Gobierno de la Junta de Extremadura a propuesta del titular de la Consejería competente en materia sanitaria.

El Director General de Asistencia Sanitaria desempeñará las siguientes funciones:

a) La dirección de la gestión asistencial de los centros, establecimientos y servicios sanitarios del Organismo Autónomo.

b) La planificación operativa de los recursos adscritos a esta Dirección General.

c) La gestión de las prestaciones farmacéuticas y complementarias y las demás prestaciones comprendidas dentro de la asistencia sanitaria prestada por el Servicio Extremeño de Salud o, en su caso, concertada.

d) La elaboración e información de las propuestas sobre inversiones de carácter asistencial en materia de su competencia.

e) La colaboración en el desarrollo de los aspectos generales de la docencia e investigación en el marco de las competencias propias.

f) El control y evaluación de la calidad asistencial.

g) El desarrollo de las políticas de uso racional del medicamento.

h) La elaboración y dirección de los programas sanitarios en materia de salud mental.

i) La elaboración y dirección de los programas asistenciales relacionados con conductas adictivas.

j) La dirección, desarrollo e implantación de los procesos asistenciales de carácter transversal en el ámbito de la Comunidad Autónoma de Extremadura.

k) La ordenación e instrucción del procedimiento de concesión de subvenciones que otorgue el Servicio Extremeño de Salud dirigidas a financiar los programas en materia de salud mental.

l) La promoción y participación en la coordinación de los procesos sociosanitarios.

m) El ejercicio de la potestad sancionadora en materia de infracciones sanitarias, dentro de las competencias asignadas a la Dirección General.

n) Aquellas otras que expresamente le sean atribuidas o delegadas.

3.4.5. La Dirección General de Salud Pública

El nombramiento y cese del Director General de Salud Pública corresponderá al Consejo de Gobierno de la Junta de Extremadura a propuesta del titular de la Consejería competente en materia sanitaria.

El Director General de Salud Pública desempeñará las siguientes funciones:

a) La elaboración, dirección y coordinación de los procesos en materia de promoción, protección de la salud y prevención de la enfermedad y, en general, los relativos a la salud pública.

b) La prevención y la reinserción de las drogodependencias en los términos previstos en la Ley 1/1999, de 29 de marzo, de Prevención, Asistencia y Reinserción de las Drogodependencias de la Comunidad Autónoma de Extremadura.

c) La ordenación e instrucción del procedimiento de concesión de subvenciones que otorgue el Servicio Extremeño de Salud dirigidas a financiar los programas en materia de conductas adictivas.

d) La planificación operativa de los recursos adscritos a esta Dirección General.

e) La elaboración de las propuestas sobre inversiones en materia de su competencia.

f) El control sanitario del medio ambiente, sin perjuicio de las competencias atribuidas a otras Consejerías.

g) La elaboración y coordinación de acciones y programas preventivos con especial incidencia en las zonas rurales, reduciendo y/o eliminando los riesgos ambientales, alimentarios y zoosanitarios a los que pueda estar expuesta la población.

h) Velar por el cumplimiento de la normativa alimentaria en materia de higiene, registro, control e inspección de alimentos.

i) La dirección y coordinación de la red de alertas y emergencias en salud pública, así como la ejecución de la legislación sobre productos farmacéuticos, sanitarios y cosméticos y la difusión y seguimiento de alertas y notas informativas de medicamentos, productos sanitarios y otros productos farmacéuticos.

j) La dirección y coordinación del control sanitario de establecimientos, así como el control del cumplimiento de las normas de protección y bienestar de los animales en el momento del sacrificio en mataderos y la adopción de las medidas necesarias para garantizar su aplicación.

k) La ordenación y dirección de la policía sanitaria mortuoria.

l) La promoción, dirección y coordinación de programas de prevención de las enfermedades transmisibles evitables por inmunización, tanto en el niño como en adultos y población de riesgo.

m) La promoción de la educación para la salud al objeto de fomentar hábitos de vida saludables entre la población en general y en los grupos de riesgo en particular, con especial atención a la obesidad y sobrepeso infantil, consumo de alcohol y drogas, tabaquismo y prevención de embarazos no deseados.

n) La promoción y coordinación de la participación comunitaria en salud mediante el fomento de las relaciones con las organizaciones sanitarias públicas y privadas y de las iniciativas de la sociedad civil en materia sanitaria, con especial atención a las asociaciones de pacientes y familiares.

ñ) Las competencias que en materia de salud laboral le atribuye la normativa vigente.

o) La elaboración y gestión de programas de atención sociosanitaria y de autoayuda, fomentando la participación de los colectivos interesados.

p) La ordenación farmacéutica y de salud pública.

q) Las facultades inspectoras en materia farmacéutica y de salud pública.

r) El mantenimiento, actualización, organización y gestión de los registros de centros, servicios y establecimientos farmacéuticos de Extremadura.

s) La elaboración, tramitación y resolución de los procedimientos en materia de autorizaciones, instalaciones y funcionamiento de oficinas de farmacia y, en general de centros, servicios y establecimientos de distribución y dispensación de medicamentos. La competencia en materia de traslados, modificaciones de local, cierre y transmisión de oficinas de farmacia y botiquines. Igualmente le corresponde la inspección en la distribución y dispensación de medicamentos de uso veterinario en establecimientos comerciales detallistas y en los servicios farmacéuticos de entidades ganaderas.

t) El impulso y promoción de las políticas de salud intersectoriales, coordinando las actuaciones de los diferentes órganos implicados de la Administración autonómica y local.

u) Elaboración de la estadística oficial demográfica, de mortalidad, morbilidad, asistencial y de salud pública, sin perjuicio de las competencias, y de forma coordinada, con otros departamentos de la Junta de Extremadura y el Consejo Superior de Estadística de la Junta de Extremadura.

v) Las autorizaciones administrativas sanitarias en la materia que afecte al ámbito competencial de la Dirección General.

w) El ejercicio de la potestad sancionadora dentro de las competencias asignadas a la Dirección General.

x) La coordinación y control de la programación de los laboratorios de salud pública, así como el estudio y propuestas de metodología analítica en materia de salud pública.

y) El control epidemiológico de enfermedades transmisibles y brotes epidémicos, así como la elaboración de protocolos de prevención y control dentro de la cartera de servicios del Servicio Extremeño de Salud.

z) Aquellas otras que expresamente le sean atribuidas o delegadas.

3.4.6. El Consejo General

El Consejo General es el órgano de control y participación en la gestión del Servicio Extremeño de Salud. Estará integrado por los siguientes miembros:

1.º El Consejero competente en materia de Sanidad, que será su Presidente.

2.º Seis representantes de la Administración de la Comunidad Autónoma, designados de la siguiente forma:

– Dos miembros designados por la Consejería competente en materia Sanidad.

– Cuatro miembros designados por cuatro Consejerías (uno por cada Consejería). *Se refiere a Consejerías con competencias como: Administración Pública, Economía, Educación y Empleo.*

3.º Un representante designado, entre el personal del Servicio Extremeño de Salud, por cada una de las organizaciones sindicales representativas, en los términos establecidos en los artículos 6 y 7 de la Ley Orgánica de Libertad Sindical.

4.º Dos representantes designados por las organizaciones de consumidores y usuarios.

5.º Dos representantes de las Corporaciones Locales de la Comunidad Autónoma de Extremadura, designados por la Federación de Municipios y Provincias de Extremadura (FEMPEX).

Asistirá a las reuniones del órgano, con voz pero sin voto, un Secretario, designado por el Consejero competente en materia sanitaria de entre el personal del Servicio Extremeño de Salud que asistirá a las reuniones con voz pero sin voto.

El Consejo funcionará siempre en pleno, debiendo reunirse, al menos trimestralmente, con carácter ordinario. Podrán celebrarse reuniones con carácter extraordinario por iniciativa del Presidente o a propuesta de la mayoría absoluta de sus miembros, cuando la urgencia o importancia de los temas así lo demande.

A las sesiones del Consejo General asistirá el Director Gerente del Servicio Extremeño de Salud, con voz pero sin voto, quien podrá ser acompañado por los Altos Cargos o responsables de las unidades, cuando así lo demande la especificidad de los temas a tratar.

En caso de vacante, ausencia o enfermedad de su titular, corresponderá al responsable del órgano competente en materia de planificación sanitaria de la Comunidad Autónoma asumir la presidencia del Consejo General.

La deliberación y el régimen de adopción de acuerdos se ajustarán a lo previsto en la normativa vigente sobre funcionamiento de órganos colegiados.

La pertenencia al Consejo General del Servicio Extremeño de Salud no tendrá carácter retribuido, sin perjuicio de que sus miembros puedan percibir las indemnizaciones por razón del servicio que estén previstas en la normativa autonómica.

El Consejo General del Servicio Extremeño de Salud tendrá las siguientes atribuciones:

a) Establecer los criterios de actuación del Organismo Autónomo, de acuerdo con las directrices de la Consejería responsable en materia de sanidad.

b) La propuesta de adopción de medidas encaminadas a la mejor prestación de los servicios gestionados por el Organismo Autónomo.

c) Aprobar la memoria anual de la gestión del Servicio Extremeño de Salud.

d) Cuantas otras se deriven de la normativa vigente.

3.4.7. El Consejo de Dirección

El Consejo de Dirección, presidido por el Director Gerente del Servicio Extremeño de Salud, ejercerá funciones de coordinación, deliberación, y participación en la toma de decisiones, y formarán parte del mismo los Altos Cargos del Servicio Extremeño de Salud y los Gerentes de Área de Salud.

A sus reuniones podrán ser convocados, cuando se juzgue necesario, los titulares de otras unidades del Organismo Autónomo.

☑ Actividad 3

Indica si la siguiente cuestión es verdadera o falsa:

El Director Gerente del SES preside las reuniones tanto del Consejo de Dirección como del Consejo General del Servicio Extremeño de Salud.

Verdadera ☐   Falsa ☐

3.5. Régimen de funcionamiento y recursos del Servicio Extremeño de Salud

3.5.1. El régimen patrimonial

Integran el patrimonio afecto al Servicio Extremeño de Salud:

a) Los bienes y derechos de toda índole cuya titularidad corresponda al patrimonio de la Comunidad Autónoma que le sean adscritos para el cumplimiento de sus fines.

b) Los bienes y derechos de toda índole afectos a la gestión y ejecución de los servicios sanitarios transferidos de la Seguridad Social que le sean adscritos de acuerdo con el Decreto de transferencias.

c) Cualquier otro bien o derecho que reciba por cualquier título.

El Servicio Extremeño de Salud deberá establecer el inventario, los sistemas contables y los registros correspondientes que permitan conocer de forma fiel y permanente el carácter, la situación patrimonial y el destino de los bienes y derechos propios o adscritos, sin perjuicio de las competencias de los demás entes u órganos en esta materia.

El patrimonio del Servicio Extremeño de Salud afecto al desarrollo de sus funciones tiene la consideración de dominio público y, como tal, gozará de las exenciones y bonificaciones tributarias que corresponda a los bienes de la citada naturaleza.

Se entenderá implícita la declaración de utilidad pública de los inmuebles en relación a los expedientes de expropiación que pudieran afectarles.

La administración y conservación de los bienes adscritos al Servicio Extremeño de Salud corresponde a su Director Gerente, quien, a estos efectos, tendrá atribuida la representación extrajudicial del organismo autónomo.

El Servicio Extremeño de Salud dispondrá de una imagen corporativa propia y diferenciada, sin perjuicio de las actuaciones generales en materia de imagen institucional de la Junta de Extremadura.

En todo lo no previsto en los párrafos anteriores, serán aplicables a los bienes y derechos del servicio extremeño de salud las previsiones contenidas en la legislación sobre el Patrimonio y la Hacienda de la Comunidad Autónoma de Extremadura, ostentando el órgano superior del organismo autónomo todas las facultades no reservadas por la legislación anteriormente mencionadas al Consejo de Gobierno de la Junta de Extremadura.

3.5.2. Régimen de impugnación de actos

Contra los actos administrativos de los distintos órganos del servicio extremeño, se podrán interponer los recursos correspondientes en los términos establecidos en la Ley de Gobierno y de la Administración de Extremadura, así como en la legislación de procedimiento administrativo de carácter general.

Los actos del Director Gerente agotan la vía administrativa, no siendo susceptible más que de los recursos jurisdiccionales que procedan.

La resolución de las reclamaciones previas a la vía jurisdiccional civil y laboral corresponderá al Director Gerente.

3.5.3. Asesoría jurídica

El asesoramiento jurídico, así como la representación y defensa en juicio del Servicio Extremeño de Salud corresponderá a los Letrados del Gabinete Jurídico de la Junta de Extremadura al servicio del mismo, en los términos establecidos en el artículo 447 de la Ley Orgánica 6/1985, de 1 de julio, del Poder Judicial.

3.5.4. Régimen financiero

El Servicio Extremeño de Salud se financiará con:

a) Los recursos que le sean asignados con cargo a los Presupuestos de la Comunidad Autónoma de Extremadura.

b) La parte correspondiente, por razón de sus atribuciones, de los recursos que, con carácter finalista, reciba la Comunidad Autónoma de Extremadura de los Presupuestos de asistencia sanitaria de la Seguridad Social en particular, o de los Generales del Estado.

c) Los productos y rentas de toda índole, procedente de sus bienes y derechos.

d) Los ingresos ordinarios y extraordinarios que legalmente esté autorizado a percibir.

e) Las subvenciones, donaciones y cualquier otra aportación voluntaria de entidades y particulares.

f) Los recursos que se le transfieran juntamente con servicios procedentes de otras Administraciones Públicas.

g) Las aportaciones que deban realizar las Corporaciones Locales con cargo a sus propios Presupuestos en relación a los centros, servicios o prestaciones que se le adscriban o integren.

h) Los ingresos procedentes de prestaciones de servicio por atención sanitaria.

i) Cualquier otro recurso que le pudiere ser atribuido.

El Servicio Extremeño de Salud podrá realizar operaciones financieras con sujeción a las autorizaciones y limitaciones que se establezcan en la Ley de Presupuestos de la Comunidad Autónoma de Extremadura, y en la normativa vigente.

3.5.5. Régimen presupuestario

Salvo en lo previsto en la Ley 10/2001, la estructura, procedimiento de elaboración, ejecución, liquidación y control del presupuesto del Servicio Extremeño de Salud se regirá por la Ley de la Hacienda y las Leyes de presupuestos de la Comunidad de Extremadura.

El presupuesto del Servicio Extremeño de Salud deberá incluirse en los Presupuestos de la Comunidad de Extremadura de forma diferenciada. En los estados de ingresos deberán reflejarse diferenciados, en su caso, los que procedan de la Seguridad Social.

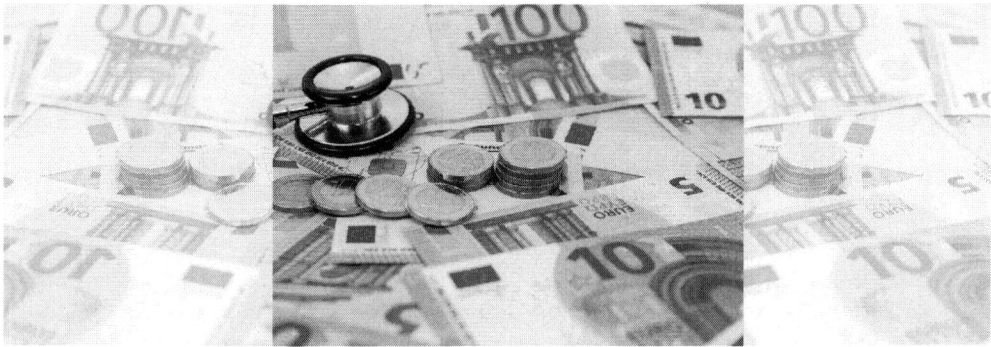

Podrá acordarse en la Ley de Presupuestos Generales de la Comunidad Autónoma de Extremadura un régimen especial de vinculación y modificaciones de los créditos presupuestarios, así como una estructura presupuestaria que permita agilizar y simplificar la administración del Servicio Extremeño de Salud.

El presupuesto del Servicio Extremeño de Salud se basará en las previsiones del Plan de Salud de Extremadura y deberá presentarse detallado de acuerdo con las clasificaciones presupuestarias establecidas.

3.5.6. Tesorería

El régimen de la tesorería del Servicio Extremeño de Salud, sin perjuicio de la condición de ordenador de pagos que le compete a su Director Gerente, será el general de la Comunidad Autónoma.

La tesorería del Servicio Extremeño de Salud centralizará los recursos del organismo autónomo, constituyéndose en caja única del mismo.

3.5.7. Intervención

La Intervención General de la Administración de la Comunidad Autónoma de Extremadura ejercerá sus funciones en el ámbito del Servicio Extremeño de Salud, bien directamente o a través de alguno de los órganos que, a tal efecto, existen o puedan crearse.

El titular de la Consejería competente en materia de Hacienda, a propuesta de la intervención general, podrá acordar que la función interventora de los centros de gasto del Servicio Extremeño de Salud sea sustituida por el control financiero de carácter permanente.

3.5.8. Contabilidad

El Servicio Extremeño de Salud estará sometido al régimen de contabilidad pública en los términos que se disponen en la Ley 5/2007, de 19 abril, General de Hacienda Pública de Extremadura.

Será competencia de la Intervención General de la Administración de la Comunidad Autónoma de Extremadura la propuesta de aprobación, en su caso, del Plan de Contabilidad Pública de la Gerencia y del Sistema Sanitario Público de Extremadura, elaborado siempre conforme a las disposiciones, criterios y estructura del Plan General de Contabilidad Pública de la Administración de la Comunidad de Extremadura.

En la elaboración del Plan de Contabilidad Pública se prestará especial atención a la contabilidad analítica en la medida en que, cumplimentando la información de la contabilidad general, pueda contribuirse al establecimiento de indicadores que faciliten el Sistema Integral de Gestión para la implantación de la Dirección por objetivos y el control de resultados establecido para los centros, establecimientos y servicios sanitarios.

Todos los centros y servicios sanitarios integrados o adscritos al Servicio Extremeño de Salud de Extremadura deberán ajustarse a los criterios y disposiciones que, en materia de contabilidad, se establezcan reglamentariamente.

3.5.9. Régimen de contratación administrativa

La contratación del Servicio Extremeño de Salud se regirá por las normas generales de contratación de las Administraciones Públicas, ostentando el Director Gerente la condición de órgano de contratación, con las limitaciones que se establezcan en la Leyes de Presupuestos Generales de la Comunidad Autónoma.

3.5.10. Régimen de personal

El personal del Servicio Extremeño de Salud estará integrado por:

a) El personal de la Administración de la Comunidad Autónoma que preste sus servicios en el citado organismo.

b) El personal procedente de otras Administraciones Públicas y demás entidades que se le adscriba o transfiera.

c) El personal que se incorpore al mismo, de acuerdo con la normativa vigente.

La clasificación y el régimen jurídico del personal del Servicio Extremeño de Salud deberá regirse por las disposiciones que respectivamente le sean aplicables, atendiendo a su procedencia y a la naturaleza de su relación de empleo, hasta que se dicten las normas que regulen la homologación de dicho personal.

Corresponde al Consejo de Gobierno de la Junta de Extremadura establecer la política global del personal del Servicio Extremeño de Salud, así como ejercer la superior dirección y coordinación del mismo.

Solución a las actividades

Actividad 1.

La cartera común **suplementaria** del Sistema Nacional de Salud incluye todas aquellas prestaciones cuya provisión se realiza mediante dispensación ambulatoria y están sujetas a aportación del usuario.

Actividad 2.

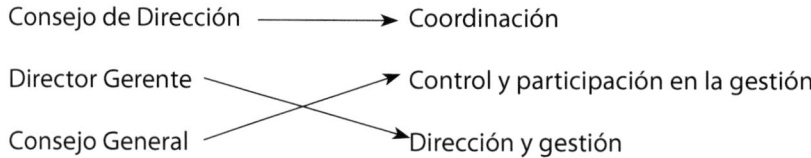

Consejo de Dirección ⟶ Coordinación

Director Gerente ⟶ Control y participación en la gestión

Consejo General ⟶ Dirección y gestión

Actividad 3.

Falsa.

Cómo acceder al Curso

Celador/a
Temario común

El uso de los códigos **es exclusivo de los compradores de los productos de Editorial MAD**. Cada producto posee un código único y de un solo uso. Es personal e intransferible y da acceso a servicios y contenidos adicionales. Editorial MAD se reserva el derecho de hacer cuantas comprobaciones sean necesarias para identificar al legítimo poseedor del código y dejar de dar servicio a quien haga uso fraudulento del mismo, además de emprender cuantas acciones legales estime oportunas según la legislación vigente.

Deberás acceder a:

mad.es/registro-campus

Si una vez aceptadas las condiciones de uso del Campus decides hacer uso del mismo, necesitarás del siguiente código de acceso junto con los códigos del resto de títulos que se exigen (si fuera el caso):

GSWX5PBNC2